第6回日本伝道会議
「痛みを担い合う教会」プロジェクト［編］
松田牧人、木田惠嗣、若井和生
根田祥一、阿部信夫、新田栄一［共著］

痛みを担い合う教会

東日本大震災からの宿題

いのちのことば社

まえがき——教会と痛み

二〇一六年九月に神戸で開催された第六回日本伝道会議に向けて「痛みを担い合う教会」というプロジェクトが結成されました。東日本大震災後に東北で支援活動に携わった牧師たちを中心にメンバーが募られ、さらにそれまであった「地方伝道」「共生」プロジェクトの代表者たちも加わりました。大震災を通して明らかになった宣教の課題を総合的、歴史的、神学的に考察することが目的です。

私たちの取り組みは、東日本大震災時にそれぞれ何を経験し、何を考え、どう行動したのか、そんな分かち合いから始まりました。岩手、宮城、福島と同じ東北でもまったく違う経験が与えられてきたことがわかりました。さらに関東から震災支援に関わった先生方の話にも耳を傾けながら、いろんな違いがあっても、そこで共通して覚えさせられたのは「痛み」の問題でした。そしてそれは大震災前からすでにあったし、また被災地だけでなく、各地で教会が問われている課題であることが見えてきました。

そのような次第で「痛みを担い合う教会」プロジェクトを立ち上げたわけですが、その後私は正直思いました。痛みを担い合うことが、私たちには果たして可能なのか、と。痛みとは極めて個別的な体験であり、人それぞれにそれぞれの痛みがあります。置かれた状況も、抱えている課題も、味わっている痛みの質や度合いも人によってまったく違います。そのきわめて個別的な痛みを人が担い合うことが本当にできるのだろうか。担い合えると思うことが、そもそも人間の傲慢ではないか、そんな風にも思えてくるのでした。

しかし同時に、私は次のようなみことばも思い出しました。

もし一つの部分が苦しめば、すべての部分がともに苦しみ、もし一つの部分が尊ばれれば、すべての部分がともに喜ぶのです。(コリント人への手紙第一12章26節)

教会はキリストをかしらとする一つキリストのからだであり、私たちはそのからだに属する部分である、と聖書において教えられています。そして一つの部分が苦しんでいる時に、その他の部分がその苦しみに無関心でいることは本来あり得ません。すべての部分がともに苦しむことが求められているし、それが教会であると教えられています。そのみことばと向き合う時に、痛みを担い合ってこそ教会だし、その時に教会の本質がより明らかにされることを教えられます。

東日本大震災から早くも六年の月日が経ち、多くの人々にとって大震災は過去のものになりつつあるようです。ただ、今、振り返ってみて思わされるのは、大震災は痛みの時代の到来を告げるプロローグだったのではないか、ということ。あの日以来、社会の崩壊が各地で進み、私たちはさまざまな時代の痛みや苦悩の中に置かれているように思います。それは被災地だけのことではありません。私たちが日々歩んでいる地域社会の中で、職場の中で、子どもたちの学校生活の中で、医療や介護の現場で、あらゆる領域において、世界中でさまざまな痛みが進行中であり、痛み苦しんでいる人々が増産されているように感じられます。

しかしその一方には、痛みをやわらげたり、取り除いたり、忘れさせたり、最もらしく繕ったりする「装置」や「しかけ」が、社会のあちこちに整備されつつあるようにも見えます。確かに痛みは感じないほうがいいかもしれない。でもその結果、人間は何か人間としての健全なバランスを失ってはいないだろうか。身体が伴わない、実感の伴わない、地に足のつかない浮遊した歩みになっていないだろうか、と思わされます。私たちは痛みを通して、肉体をもっていることを強烈に意識します。痛みを通して、心と身体が一つにされるような実感を味わいます。痛みによって身体の中に存在する危険を瞬時に察知します。痛みがもたらす意義と意味について、私たちは改めて考えてみなければなりません。

人間の肉体よりも霊の優位性を主張したグノーシス主義やギリシャ思想の強い影響下にあって、パウロが教会を「キリストのからだ」と称したことには何か特別な意味があったでしょうか。少なくとも聖書において人間の心と精神と肉体とを切り分けて考える発想は見られません。教会は痛みを通して人間と出会い、世界と出会い、そして神と出会えるように感じられます。

私たちのプロジェクトは東日本大震災をきっかけに始まった取り組みですが、しかし東日本大震災について論じたり考えたりすることを目指しているのではありません。大震災を通してよりはっきり見えてきたこの国の姿、この時代の姿、そして人間の姿——それは主によって見せていただいたと信じる——と向き合い、その中での教会について考える取り組みです。

またこれは、どうすれば日本での宣教は進むのか、その方策について考える取り組みでもありません。大震災をきっかけとして、そしてその後の状況の中で語られ、また語られ続けている主の御声に耳を傾け、みこころを理解し、全国の教会とそれらを共有することを目指しています。

以下、同じ問題意識を共有した六名のメンバーたちがそれぞれの立場と視点より問題提起をしています。神戸での伝道会議の中で発題した内容に、それぞれが手を加えたものです。痛みを負う世界のただ中に、主の聖なる事業へと召された教会の働きはどのように展開され、どのように完成へと導かれるでしょうか。この小著が、そんな主の働きの一つの道しるべとなることを期待しています。

「痛みを担い合う教会」プロジェクトリーダー　若井和生

目次

骨太の福音を！──痛みの過小評価と過大評価を越えて

オアシスチャペル利府キリスト教会牧師　松田牧人

はじめに

二〇一一年三月十一日、私は仙台市の北東に隣接する利府町において、あの東日本大震災を経験しました。会堂内にある事務所で味わった三分半以上の揺れによって、地域も、教会も、家族も、人生そのものも、また、信仰さえもが大きく揺さぶられる長い日々が始まりました。

五年以上が経ち、仮設住宅に住んでいた人々の多くが災害公営住宅などに転居しています。ボランティアもまばらになりました。人々の暮らしは一見、「元に戻った」ようにも見えますが、私たちの心の中にはまだ整理のつかない思いが渦巻いているようにも思います。「痛みを担い合う」という大きなテーマについて、今の時点で考えていることを、経過報告のようなつもりでお話ししたいと思います。

地上において人間が抱える具体的な痛みを過小評価することの落とし穴

はじめのうちは「被災者」「被災地」という括りが大きな意味を持ちました。東北にいる誰もが一様に震災によって多くのものを失い、大きな痛みを得、不便で不安な生活を強いられていたからです。しかし、徐々に、人々の抱える痛みは、「被災者」「被災地」といった大きな括りでは説明できないような複雑さ、多様さを帯びてきました。同じ避難所、同じ仮設住宅で生活をしていても、各々の置かれている状況はさまざまでした。もともと健康で裕福であった人がいる一方、それとは対象的な境遇の人々もいます。家族と家を両方失った人々がいるのと同時に、家を失ったが家族は無事、あるいは、家族は失ったが家や財産は無事だったという人々がいます。地震の影響でさまざまな不便を強いられながらも、より被害の多かった沿岸部への支援に携わった内陸部の人々もいます。自分の生活を立て直すのに精いっぱいで、沿岸部のことが気になりながらも一度も足を運べなかった人々もいました。当初は「私は別になんともない、大丈夫」と平気そうな顔をしていたのに、何年か経ってから、本人も自覚していなかった悲しみや痛みが溢れるように表出し、心や身体に影響を及ぼすという経験をしている人々もいるのです。

教会の痛みもさまざまでした。津波によって会堂が流出してしまった教会があり、流出はなかったものの浸水してしまった教会があります。地震の揺れによる会堂の被害もさまざまな程度がありました。原発事故によって避難を余儀なくされた教会があり、その地にとどまりながら原発事故によってもたらされているさまざまな影響に苦しんでいる教会もあります。そもそも小規模で、高齢化や会員数の減少に悩んでいた教会もありますし、複数の教職者やスタッフを擁する比較的規模の大きな教会もありました。日本中・世界中から問い合わせや訪問者が殺到して大いに励まされつつも、そのことのゆえにさまざまな混乱に巻き込まれた教会もあります。逆に、自分たちは忘れられているという寂しさや孤立感を味わった教会もありました。

一つの教会の中でも、教会員各々の置かれている状況はさまざまで、実は、それぞれに一口には言えない、異なった痛みがありました。敢えて実例を多く挙げましたが、まだまだキリがありません。黒人霊歌には〝Nobody Knows the Trouble I've Seen〟（誰も知らない私の悩み）という曲がありますが、まさに人の数だけ悩みや痛みのバリエーションがあるのです。

このような複雑で多様な痛みの諸相を理解する上で、一橋大学大学院の宮地尚子氏による『震災トラウマと復興ストレス』という小さな書物が非常に役立ちました。ここではその内容に詳しく立ち入ることはしませんが、一つ心に留めたいことは、この複雑性と多様性をもつそれぞれの痛みを「被災地の痛み」「被災者の痛み」という言葉で言い表し尽くすことには無理があるということです。そして、それを「担う」ということも単純なことではありません。

そこにある複雑で多様な痛みを単純化し、それらを理解しようとする努力を放棄して、「神様がすべてを益としてくださるから大丈夫」「イエス様を信じれば、痛みも苦しみも悲しみもない天国に行けるから……」と性急に語ることには問題があるでしょう。この態度は、人間が地上で味わう痛みの現実をあまりに過小評価する態度です。現代の福音派は、自分たちの内にこのような態度がこれまであったことを認め、それを反省する方向に歩みを進めているように思います。たとえば、「あらゆる種類の抑圧からの人間解放のための主のみ旨に責任をもって関与すべき」（ローザンヌ誓約第5項）といった考えが強調されるようになり、ある程度の浸透を見ているように思えます。震災後、福音派の多くのクリスチャンは基本的に「直接的な伝道よりも、まずは支援」という態度を選択しました。

しかし、自戒を込めつつ私見を述べるなら、どうも日本の福音派において「社会的責任」の具体的実践はまだまだ板についていないように思います。それは、豊かな福音理解そのものから自然に滲み出てくる生き方というよりも、何だかとってつけたような、わざとらしさがある……。「この支援は伝道の役に立つだろうか」「この活動によって未信者への影響力を得たい」という思いが見え隠れすることもしばしばありました。被災地において、〝決心者の数〟を性急に追い求めたり、競い合ったりする向きもありました。また、支援団体が集まる会合で「クリスチャンだからこそ心のケアができる」といった掛け声を何度か耳にしましたが、特別な訓練も受けていない〝素人〟が、人間の痛みという問題を過小評価し、単純化し、それを自分たちがなんとかできるといった意識を持って人々に関わることは危ういことです。人間の抱える痛みは、他の誰かにはわからない複雑さ、深さ、大きさがある……。これを過小評価してはならないと思うのです。

地上において人間が抱える具体的な痛みを過大評価することの落とし穴

震災から半年が過ぎた頃、私は出張先のホテルで体調の異変に気づきました。血尿が出て、腹部に鈍い痛みがあり、それが徐々に強くなっていました。しかし、出席している震災関連の国際会議でどうしてもプレゼンテーションをしなければなりませんでした。脂汗を流しながら話し終え、席に戻ったところで限界に達しました。その後、病院に運ばれ、尿管結石と診断されました。その痛みにのたうち回ること数時間、もう二度と経験したくないと思いました。医師からは「ストレスに注意」と言われていましたが、さらにストレスが増していくような日々を経て二年半後、再び同じ尿管結石の発作。今度は五日間も入院する羽目になりました。しかし、それでは終わりませんでした。

結石の痛み以上に辛かったのは、二〇一三年五月以降、いわゆるバーンアウトといわれるような症状が心身に現れたことです。震災後は、震災による有形無形の影響を受けている群れを牧会することに加え、のべ一万五千人に及んだボランティアの受け入れ、現場での支援活動、そこで起こってくる種々のトラブル解決のため昼夜もなく駆けずり回るような異常な日々が続いていました。心身が疲弊し、まさに悲鳴を上げたのです。理由もわからず涙が溢れてきたり、記憶がおかしくなったり、人と会うのが怖いという状態になりました。喘息の発作がおさまらなくなり、肩こりや腰痛、毎日のように酷い頭痛がするようになり、夜は頻繁に悪夢を見て目を覚まし、よく眠れなくなりました。結局、四か月ほどの休養を得ましたが、その最中には「もう牧会に戻ることは無理だろう」と思うことが何度もありました。復帰後もなかなか本調子には戻らず、心療内科でもらった薬を飲むことが続きました。

そのような状況の中で、私の心の中では徐々に、自己憐憫の思いや被害者意識が強くなっていきました。いつしか、キリストにあるアイデンティティーよりも「被災者」「病人」といった自己理解が心を占めるようになってきていました。確かに、震災直後の三年間で味わったことが、自分自身の人生経験の中では突出して大きな苦しみ、痛みであったことは否定できません。この痛みは、今でもどうやって言葉にしてよいかわからないほどです。しかし、それでも、その痛みを過大評価し、その痛みを「偶像化」してしまったことは大きな落とし穴でした。

私たちが、聖書に基づいてしっかりと理解しておかなければならないことは、人間がこの地上を生きる上で、痛みというものが不可避であり、ある意味においては当然であるということです。神によって非常に良い世界として創造されたこの世界ですが、今や人間の罪によって堕落し、虚無に服し、滅びの束縛の中でうめいています（ローマ8・20、21参照）。ゆえに、贖いが完成するその日までこの世には患難があり、自然災害も争いも絶えることがないということです。

「ケープタウンコミットメント」の序文で確認されているように、「人間は失われた存在」です。「人類の根本的苦境は依然として変わらない。聖書の記述によれば、私たちはみずからの罪と反逆の中にあって、神の公正な裁きの下に立たされており、キリストなしでは、私たちに希望はないのである」（『ケープタウン決意表明』日本ローザンヌ委員会訳、いのちのことば社、10頁）という真理は、人間の痛みの問題を考えるとき、少しも薄めてはならないはずです。もし、このような人間理解、特に神に対する人間の罪についての理解を欠いて、人間そのものを過大評価し、その痛みを過大評価するなら、福音がヒューマニズムに取って代わられることになりかねません。

人間の痛みを神はどのようにご覧になるか、われわれはそのまなざしにどう応答するか

多くの人々は、人間は皆、愛される〝べき〟存在であり、幸せになる〝べき〟存在であると考え、自分に痛みをもたらす出来事が起こると「なぜ?」と問います。しかし、聖書は、「すべての人は、罪を犯したので、神からの栄誉を受けることができず」（ローマ3・23）、「生まれながら御怒りを受けるべき子」（エペソ2・3）であると語ります。私たち罪人が、「神よ、この痛みは不当だ。私はこんな痛みを受けるべき存在ではない」と語ることは正当なことでしょうか。

神に敵対して歩む人間たちが、神の怒りを受け、痛みを味わうのは本来当然のことです。その痛みがどれほど大きなものであったとしても、それは本質的な意味において「不当なこと」ではないはずです。もちろん言うまでもなく、私たちは何らかの痛みを負っている誰かに向かって「あなたがそれを味わっているのは、きっとあなた自身か、あるいは、両親の罪のせいだろう。だから、この痛みは当然であり、仕方がないことなのだ」と言うべきではありません（ヨハネ9・1〜3参照）し、誰かを名指しして「あの人は、ほかのどんな人々よりも罪深い人だから、あんな災難を受けるのだ」と言うべきでもありません（ル

カ13・1～5参照)。

私たちは他の誰かを指差す前に、ただ神に対して「私はあなたの前に罪を犯しました。私は、あなたの子と呼ばれる資格も、良いものを受け取る資格もありません。」(ルカ15・18参照) と申し上げるほかない者でした。門前払いをされるか、罰を受けて当たり前の存在だったのです。しかし、そのような私たちを神がご覧になり、憐れみをもって心を痛められるとしたらどうでしょうか。それは決して当然のことではありません。

強盗に襲われた旅人をサマリヤ人が「かわいそうに思い」(ルカ10・33)、放蕩息子を父親が「かわいそうに思い」(ルカ15・20)、群衆をイエスがご覧になって「羊飼いのない羊のように弱り果てて倒れている彼らをかわいそうに思われ」(マタイ9・36) ることは、当然のことではありません。これらの箇所では「スプランクニゾマイ」という「はらわたが痛む」とでも訳すべき、非常に強い感情を表現する動詞が用いられていますが、神の怒りを受けるべき神の敵である者たちに、神がご自身のはらわたを痛めながら憐れみをかけられるとは、本来あってはならないと言ってもよいほどに〝異常〟なことではないでしょうか。この動詞がイエスご自身もしくは神ご自身のみを主語として用いられることからもわかるように、この「かわいそうに思う」は、われわれ人間が誰かに対して単に同情することとはまったく異なったレベルのものです。

さて、もし、私たちが自分の痛み (そして、自分自身) を過大評価している状態なら、このような神の憐れみと恵みに対して「なぜ？」と驚きを覚えることはないでしょう。そこでは、神の恵みが過小評価され、与えられて当然の陳腐なものになってしまいます。しかし、もし私たちが神の聖さ、偉大さ、それに敵対する人間の罪の深刻さと神の怒りの正当性をしっかりと踏まえた上で、その現実にもかかわらずわれわれのためにはらわたを痛めたもう神の恵みを味わうなら、私たちの心と人生は驚きのゆえに大きく揺さぶられます。

三年前に倒れて以来、私は、さまざまな良き指導者や友人たちの助けを受けながら、そして、何よりも聖書を通して神ご自身と向き合う中で、自分自身が被害者であるという思いから徐々に解放され、神ご自身こそが被害者であり、自分こそがこの神に対する加害者であるということを心から理解するように導かれてきました。

さらに、この事実にもかかわらず、神が私をかわいそうに思い、駆け寄り、抱きしめ、接吻し、子として受け入れてくださる……。このことの恵み、その〝異常さ〟を、改めて驚きをもって受け止め直しています。それによって、私自身の塞ぎこんだ心に光が差し込んできました。

神様が私の周りに置いてくださった人々は、私の痛みを過小評価せず、親身になって寄り添い、決めつけたり結論を急いだりすることなく最後まで話を聞いてくれました。しかし、彼らは私の痛みを過大評価しませんでした。私に寄り添うだけではなく、被害者意識や自己憐憫の思いに支配されていた私の心が悔い改めへと向かうように促し、物事をしっかりと聖書的に考えるよう励ましてくれたのです。振り返ってみると、これは彼らにとって勇気のいることであっただろうと思います。私はこのことに深く感謝をしています。誰かの「痛みを担う」とは、その人の痛みを理解することに努め、寄り添い、手当てをしながら、それだけにとどまらず勇気をもってみことばの真理を語り、その人が真の神に対して悔い改めをすることができるよう促すことであると、今、私は考えます。このような生き方は、どこから出てくるのだろうか。このような生き方をするキリスト者、このような生き方を共有する共同体はどのように形成されるのだろうか。これは大きな問いです。

まるごとの福音は、命がけで宣べ伝えられた「骨太の福音」の周りに現れる！

この震災後、「まるごとの福音」という言葉を何度か耳にしました。それは、いわゆる魂の救いだけに目を向けて福音を極度に内面化してきた従来の福音派の在り方を反省し、全被造物を贖いの対象と考える包括的（ホーリスティック）な福音理解をし、それに基づく教会形成に取り組もうという、今日の福音派の問題意識を表現するキャッチフレーズです。このような意識が醸成されつつあることは歓迎すべきことでしょう。しかし、私が敢えて言いたいのは、真の意味での「まるごとの福音」は、単に従来の在り方に社会的活動を付け加えることではないということです。

「まるごとの福音（とそれを生きる共同体）」とは、時が良くても悪くても「みことば」がしっかりと宣べ伝えられ、寛容を尽くして絶えず教えられるところに現れる、起こるはずであると、私は信じます。宣べ伝え、教える営みの中には、責めること、戒めること、勧めることも含まれるでしょう（Ⅱテモテ4・2参照）。福音を断片的、一面的に語るのではなく、「神のことばを余すところなく」（コロサイ1・25、Ⅱテモテ4・17、使徒20・27参照）語るのです。私はそのようにみことばを語る働きを「骨太の福音」のミニストリーと呼びたいと思います。もし、骨太の福音なしに、さまざまな社会活動によって〝肉付け〟をしようとするなら、それは「まるごとの福音」という言葉が本来意味する在り方とは似て非なるものになるでしょう。骨格が貧弱ならば、肉が多くなっても身体を支えることができなくなるのです。

私自身は今、福音主義的信仰に立つ者であると自認していますが、そもそもの信仰的背景には、いわゆるメインライン（WCC、NCC系）の教会があります。その流れの中には、人間の痛みの問題に繊細かつ強い関心を寄せながら、かなり踏み込んだ活動をしている人々がいます。福音派の中でも昨今、特に震災後は、いわゆる〝リベラル〟な神学を奉ずる人々を警戒する声よりも、「彼らから学ぶこと、教えられることは少なくない」といった声を多く聞くようになった気がします。確かにそういう面もあるかもしれません。しかし、NCC系の、特に「社会派」と呼ばれる人々が取り組んできた働きが、福音派の考える「まるごとの福音」を体現しているものかどうか、残念ながらそこには大きな疑問があります。詳しく述べる暇はありませんし、十把一絡げに語ることもふさわしくないかもしれませんが、その社会活動は、骨太の福音に押し出されるものである以上にイデオロギー的であったり、重要な教理を軽視するものであったり、神ご自身との人格的な交わりを背景とするものである以上に人間的な正義感に基づくものである場合も少なくないと私には思えます。

私たちは、単に誰かの後追いをするのではなく、より注意深く聖書に聴き、より堅く聖書そのものに立脚し、福音主義的な人間論に基づいて「痛み」と向き合っていく必要があります。まるごとの福音の具現化を見るためには、つまり、福音に動かされた人々が全人格的に変えられ、福音を中心とした共同体を築き、福音にふさわしい生き方を携えて社会に派遣されていくことを見るためには、もっともっと骨太の福音を追求しなければならないと思わされています。耳が痛いことも含め、聖書がいったい何を語っているかに耳を傾ける必要があります。私たちの目の前の現実を超越し、常識からかけ離れているように思える、みことばの約束や命令にも真剣に耳を傾けるべきです。講壇から語られる説教は、「神様はあなたを愛しています」「良い人になりましょう。良いことをしましょう」といった誰もが納得するような無難なものではなく、この世に挑戦するような骨太なものでなければなりません。皆が聖書を熱心に学び、聖書に基づいて考え、聖書を生きるような共同体が形成されるように骨を折る働きが必要です。

私たちは教会リーダー、牧師、伝道者に対して、パウロがしたように聖書的福音の豊かさを、そのあらゆる宇宙規模の範囲と真理において説教し、また教えるよう強く勧める。私たちは福音を提示する際、単に個人的救済の提供として、または他の神々が与えるものよりも優れた問題解決法としてではなく、キリストにおける神の全宇宙に対する計画として提示しなければならない。人はしばしば、自分の必要を満たすためにキリストのもとに来る。しかし、キリストが真理であることを見出したとき、彼らはキリストのもとに留まるのである。

（『ケープタウン決意表明』日本ローザンヌ委員会訳、いのちのことば社、44頁）

人ではなく真の神――キリスト――が中心となられるとき、人はその神――キリスト――のもとで憩います。そして、自由にされ憩った人々は、それぞれの生の現場において、おごらず、てらわず、へりくだりながら（讃美歌11番）、まるごとの福音を生きるようになります。彼らは、隣人たちの痛みを理解することに努め、寄り添い、手当てをしながら、それだけにとどまらず勇気をもってみことばの真理を語り、その人が真の神に対して悔い改めをすることができるよう促す生き方をするようになると信じます。

小さなキリストたちのいる町を目指して――伝道会議を終えて

キリストのいた町

何年か前に、地元の人々が立ち上げたアマチュア劇団の代表の方が教会に現れて、次の作品は実在のある牧師さんをモデルにしたいと語られました。その牧師とは、私たちの教会の創設牧師であり、名誉牧師であった齊藤久吉牧師（故人）でした。演劇のタイトルは「キリストのいた町」です。

齊藤牧師は、昭和初期の貧しい農村で農民たちと泥まみれになりながら、彼らの抱える現実の悩みや痛みに寄り添い、幼児保育や女性の権利の保護に尽力し、キャンプ場設立や国際交流を推進して地域の青少年の育成にも精力的に取り組みました。また同時に、石をぶつけられることがあっても、道端で、家の軒先で、会堂で、大胆に福音を語る働きに励み続けました。

脚本を読んでコメントをしてほしいと言われ、惹きつけられながら読みました。脚本家はクリスチャンではありませんが、牧師の当時の生き方や、伝えようとしたメッセージをよく調べ、それが大いに台詞に反映されており、驚きました。いくつかの文章表現についてアドバイスをした上で、上演には私たち教会も大いに協力させていただきますとお約束しました。スタッフの方々が教会に来られ、私たちの歌う讃美歌を録音し、それが劇中の礼拝のシーンに用いられることにもなりました。

人らしく、神らしいお方

「キリストのいた町」とは、なかなかユニークなタイトルです。もし、今日、主イエスが私の住む町に現れたらどうだろうと、ふと考えさせられました。聖書が語る主イエスの姿から考えると、このお方は山の中で隠遁生活を続けたり、ただ書斎の中にだけこもって本ばかり読んではいなかったでしょう（もちろん一人で静まることや、聖書をはじめさまざまな書物を読むことも非常に大切です。念のため！）。このお方はどこにでも出かけて行き、そこにある人々の輪にスッと入り込み、いろんな人の話を聴き、また話をなさるでしょう。その輪から少し外れたところで誰かが痛みの中でポツンとしているなら、きっとその友となり、時には一緒に涙を流されるでしょう。主イエスほど、真の意味で「人らしい」お方はおられないのです。

しかし、同時に主イエスは間違いなく、異質な存在でもあられるでしょう。福音書を読むと、このお方はある人々の心をざわつかせるような行動をとり、言葉を発します。最近、「ＫＹ（空気が読めない）」ではなく「ＫＹＹ（空気を読まない勇気）」という言葉を耳にしましたが、まさに主イエスには「ＫＹＹ」があるのです。みんながヘラヘラと浮かれている場面で、悲しみや憤りを露わにされる場合もあります。表面的な取り繕いを引き剝し、人の醜い本質を明らかにしたり、罪を罪として認めるように迫ります。権威に満ちた言葉をまっすぐに語られます。ただ単にその場に溶け込み、馴染んだ、可もなく不可もない存在ではないのです。主イエスほど「神らしい」お方はおられません。

正直なところ、こういう人物はまずそうそういません。こんなことを言うと怒られるかもしれませんが、キリストに似ているキリスト者は非常に少ないのです。教会のリーダーシップを委ねられている牧師たち、あるいは私自身はどうでしょうか。もちろんキリストに似た者へと変えられ続けていきたいと切に願っていますが、主ご自身よりもあのパリサイ人や律法学者たちに似ている自分にドキッとしたり、がっかりしたりすることもしばしばです。読者の皆さんには見えないでしょうが、書きながら赤面しているのです。

今日この町にもしキリストがおられたら、どんなところに出かけ、誰に関わり、何をし、どんなことをお話しになるだろうか……。いや、単に想像を膨らませている場合ではない、主は私を通して、この町に生き、ご自分を現そうとしておられるはずではないか……。あの人この人との関わりの中で、また、職場や家庭の中で、主イエスならいったいどんなふうになさるだろうか……。思い巡らすと、自分の在り方が問われ、心がそわそわしてきます。

受肉的な関わり

主イエスの人間性と神性は、私たちの信じる十字架の福音を考える上でも、また、その福音に応答してなされるキリスト者の生活や宣教においても、非常に重要な意味を持っています。すべてを詳しく述べることはできませんが、特に、私たち教会がコミュニティの人々とどのように関わるかを考える時、「受肉的な関わり」（人間的側面と神的側面の両方を備えた関わり方）を意識する必要があります。

受肉の性質を帯びた福音宣教では、正統派のキリスト論のように、神の側面と人間の側面との緊張関係［カルケドン信条に見られるような「まことの神にして、まことの人」というような緊張関係］が維持されなければなりません。そのいずれかが誇張されるならば、聖書的な福音宣教に破滅的な結果がもたらされます。（B・C・ジョンスン著『これからの福音宣教像――神学と方法の再考』、日本基督教団出版局、93頁）

どちらかだけが重んじられ、どちらかが軽んじられることがあってはなりません。また、主イエスがそうでなかったように、半分は神的で、半分は人間的というようなことであってもなりません。主が徹底的に人であり、徹底的に神であられたように、私たちもそのような者、そのような教会の在り方を目指していく必要があります。「でも、どうすればいいの？」という問いが湧き上がってきます。

ありのままの現状を認める

まずは、ありのままの現状を認めることです。私たちがいかに人らしくないか、神に似ていないかということを見つめ、認めるのです。どれぐらい周りの人を観察し、その人々の必要を知り、関わっているでしょうか。同僚や近所に住む人は、私と一緒に時間を過ごしたいと思ってくれているでしょうか。痛みを抱える隣人は私たちを良い相談相手と見なしてくれているでしょうか。また、彼らを安易に受容するだけではなく、みことばから教えられている世界観、人生観を堂々と告げているでしょうか。世の中の流れに飲み込まれるのではなく、時には流れに逆らったり、自ら流れを作り出そうとしているでしょうか。

「責めを感じるから考えたくない」と逃げずに、まことの神であり、まことの人であるお方の姿と自分自身を、比較し、現状を認めるのです。

切に求め始める

その上で、切に求めることを始めたいと思います。この主イエスに似た者へと変えられることを求め、共に祈り始めるのです。みことばを読み直し、それを続け、主ご自身をより深く、より正しく、より鮮やかに知り、このお方を体験し、このお方によって満たされることによって、私たちは少しずつ変えられていくと信じます。これは「痛みを担い合う教会」となっていくという特定のテーマについてだけではなく、広くさまざまなことに適用できることです。

御言葉の十分さに懸ける

「痛みを担い合う教会」というテーマで私たちが扱ってきたことを聞いた方、読まれた方は、つい「もっと行動しなきゃ」「地域のこれこれの問題に関わろう」という思いがはやるかもしれません。でも、少し落ち着いて一呼吸を置く必要があるかもしれません。良い働きは、そのためにふさわしく十分に整えられた者によってなされるものです。

幸いなことに私たちの手もとには、私たちをすべての良い働きのためにふさわしい十分に整えられた者とすることができる有益な書、神の霊感を受けた書があります（Ⅱテモテ3・14〜17参照）。「あなたはすでに十分な人物か？」と問われたら、私自身、穴があったら入りたい思いがしますが、それは、この有益な書をまだまだ十分に使い尽くしてはいないからです。この書を有効活用していないなんて、本当にもったいないことです。これまでの私たちの読み方、理解の仕方、それに対する応答の仕方がどれほど貧しかったとしても、それは、聖書そのものの価値、真実性を損なうものでありません。私たちがここに懸けて歩み直すなら、どんなことが起こるでしょうか。

牧師がもっとみことばに魅了され、もっとイキイキと説教を語り、信徒たちが聖書研究に喜々として集い、互いに励まし合いながらみことばから教えられたことを実践していく。社会の中で誠実に務めを果たし、人々を元気づけ、勇気づけ、「あなたはなぜそんなに前向きなの？」と問いかけられる。説明を求める人には、臆することも気負うこともなく希望についての弁明をする（Ⅰペテロ3・15、16参照）。痛みを抱えている人たちに対しては人間味のある仕方で寄り添い、助けをし、しかし、同時に畏れるべき神を現し、この神に立ち返るよう大胆に促す。

私たちの手に与えられている聖書は、そのような人物を育て、教会を建て上げていく上で十分なものです。みことばによって、私たちの町は「小さなキリストたちのいる町」になります。

　神の御前で、また、生きている人と死んだ人とをさばかれるキリスト・イエスの御前で、その現れとその御国を思って、私はおごそかに命じます。みことばを宣べ伝えなさい。時が良くても悪くてもしっかりやりなさい。寛容を尽くし、絶えず教えながら、責め、戒め、また勧めなさい。（Ⅱテモテ4・1、2）

日本伝道会議の際にも「骨太の福音」という表現を用いて触れたことですが、震災を経験し、個人的にはバーンアウトの痛みも経験した中で私自身が教えられ、決意させられた最大のことは、このみことばの十分さに懸けて歩もうということでした。以前からそのように努めているつもりでしたが、「時が悪くなる」と簡単にブレてしまう自分の姿も見せつけられましたので、今はただ「主よ、しっかりやれるように助けてください」と祈りながら、また、敬愛する兄姉たちの熱心な執り成しに支えられながら牧会にあたっています。

齊藤牧師は、次のような言葉を書き残しています。これはそのまま、劇中の台詞となりました。辻説法をする牧師を演じた役者さんが堂々と語る言葉に、会場に詰めかけた町の人々は聴き入っていました。

「私たちは、神を愛し、隣人を愛し、土を愛する三愛精神で、死をも征服する信仰的人物の養成と補給を行います。祖国日本と世界人類に対する自らの尊い立場と使命を明確に意識して、農民的自覚を促し、その徹底を計ります。大自然の中に、素朴な生活を楽しみうる農村文化の樹立と充実を行っていきます。以上の三つこそ、農村を立て直すための肥料となるべき三要素であり、この趣旨の普及が徹底されたとき、そこに神の国は来るのであります。」

私たちの教会の長い歴史の中で、このビジョンの火が消えかかったこともありました。悲しみ、失敗、震災の試練もありました。コミュニティの中にも、教会内にも、今もさまざまな「痛み」があります。でも、ひとりの人がみことばによって小さなキリストへと変えられ始めるなら、その人から神の国が広がります。この町に小さなキリストたちが満ちることを目指して、教会はキリストの弟子づくりの使命に今日も励みます。

教会が痛みを担い合うということ
――ピレモン書に学ぶ生きて働く信仰の交わり

郡山キリスト福音教会牧師　木田惠嗣

私は、祈りのうちにあなたのことを覚え、いつも私の神に感謝しています。それは、主イエスに対してあなたが抱いている信仰と、すべての聖徒に対するあなたの愛とについて聞いているからです。私たちの間でキリストのためになされているすべての良い行いをよく知ることによって、あなたの信仰の交わりが生きて働くものとなりますように。私はあなたの愛から多くの喜びと慰めとを受けました。それは、聖徒たちの心が、兄弟よ、あなたによって力づけられたからです。

（ピレモンへの手紙4〜7節）

東日本大震災から五年が経過し、二〇一六年は熊本に大きな地震が起き、私たちの経験が、決して被災した私たちだけではなく、日本の教会に共通の課題となっていることが明らかになりました。今、私たちが経験したことを、思い巡らし、その経験を聖書のことばによって整理することは、とても重要な課題であると思わされています。教会が共に痛みを担い合うということが、聖書の中で、どのような位置づけにあるのか、ご一緒に考えていただければ幸いです。

1　福島の痛み――福島の教会が問われたこと

（1）震災直後の戸惑い

私は、震災当時、福島県福島市に在住していました。福島市は、福島第一原子力発電所から、北西に約六十キロメートルに位置しており、直接、津波の被害を受け、避難指示が出されて避難する必要があった地域ではありませんでした。けれども、福島第一原子力発電所事故後の報道では、福島県各地に放射能汚染が広がり、特に、中通りの北部、中部は、避難指示区域以外では福島県内で最も空間線量が高く、多くの人々に不安が広がりました。

そのため、津波には遭わなかった、地震の被害もあるにはあったが壊滅的打撃も受けなかった、放射能の汚染もあるが避難指示が出されてはいないということで、自分たちは被災したのかしないのか？という戸惑いが震災直後からずっとありました。震災後、関西から視察のため訪ねてこられた方々に、「先生は被災されたのですか？」と問われて、どう答えてよいかわからず、非常に戸惑ったことを鮮明に記憶しています。それは、私ばかりでなく、私の周りの牧師たちも同様でした。

（2）コミュニティの破壊

東日本大震災による福島の痛みは、さまざまな痛みがありました。しかし、その痛みを一言で語るならば、「コミュニティが破壊された痛み」と語ることができるのではないでしょうか。

相馬・南相馬地区の避難所や仮設住宅への支援に行き、そこで、津波被災者の方々の生々しい体験を聞きました。津波で親を失った子どもたちが無邪気に遊ぶ姿を見て心が痛み、津波で親族を失った方々の嘆きを聞いては心がつぶれるような思いになったことを忘れることができません。また、仮設住宅の方々の話を聞くと、五、六か所の避難所を転々とし、やっと仮設住宅に入ることができた、といった苦労話をたびたび聞きました。また、幼い子どもを抱えるお母さんたちが、子どもを守るために、親戚の家や受け入れてくれる避難所や支援者を頼って自主避難をされたお話など、放射能に追われて、所属していたコミュニティから引き裂かれた痛みを皆さんが経験しておられました。

その後も、避難した先から戻ってこられた方々と、避難せずに残った方々との間の微妙な溝が埋められなかった話や、賠償金の問題で、もらったかもらわなかったか、放射能の影響に対する見解の相違、性別や世代の相違による危機感の違いなどによって、さまざまなコミュニティに分断が生じました。

福島の痛みは、コミュニティ（共同体）が破壊される痛みであったということができるのではないか……これは、震災後、早い時期からずっと感じてきたことでした。

（3）震災を通して、支援活動を通して問われたこと

震災後一年が経過した時、順調に滑り出したかに見えた教会ネットワーク活動に、暗い影がよぎりました。それは、福島市内の牧師たちが、さまざまな事情で転勤を余儀なくされたことでした。私もそのひとりでした。さまざまな痛みを抱え、ようやくそこから立ち上がろうとしていた矢先、ネットワークのメンバーが、また市内の教会の牧師たちが、それぞれ転勤することになったのです。震災の痛みを共有した牧師たち、教会がネットワークを通じて互いに励まし合い、協力し合って、さあ、これからという時に、その一角が崩れたのですから、メンバーの失望はいうまでもありません。

その時、放射能に汚染され、その他、さまざまな事情を抱える福島の宣教は、だれが担うのか？ こんな思いが去来しました。当時、福島に来るボランティアとして、放射能の被害をそれほど心配する必要がない、子育ての終わった五十代以降の方々を募るアピールをしていたことを思い出します。東北が伝道の困難な地域であるとされているばかりか、放射能問題を抱えるこの福島の地の伝道は、これから誰が担っていくのか？ こんな思いに、日々葛藤していたことを思い出します。

震災から三年後、震災後福島市に転任してこられた七十代の二人の牧師が相次いで天に召されました。衝撃が走りましたし、とても悲しい経験でした。これで、もう福島に赴任して来る牧師はいなくなってしまうのではないかという不安がよぎったりもしました。

「福島に人が住むかぎり、そこに住む人々に福音を伝える負債が、教団教派を超えたキリストの教会全体にはあるのではないか？」と考えてみたり、「福島の宣教は、県外の誰かではなく、福島に住む私たちが担わなければどうにもならないのだ」と、開き直りが心に生じたのもこの頃でした。

2　ピレモン書に学ぶ生きて働く信仰の交わり

ピレモン書は、コロサイ教会の家主であったピレモンの奴隷オネシモが、主人に損害を負わせて逃亡し、流れ流れて、獄中のパウロのもとで信仰を持ったことが契機となり、パウロからピレモンに宛てて送られた手紙です。

その手紙に記されたパウロの祈りの中から、「あなたの信仰の交わりが生きて働くものとなりますように」（6節）というパウロの祈りが心に留まりました。

この6節は、ピレモン書の中心的な主題を導く重要な思想を提供しています。今、パウロは、回心したオネシモをピレモンのもとへ送り返そうとしています。オネシモは、損害を与えた主人のもとへ戻ろうとしています。ピレモンは、自分にも教会にも痛みを与えたオネシモを受け入れようとしているのです。そこにある緊張関係を取り除くのが、6節の祈りではないでしょうか。

中心的な思想は、そこにある「信仰の交わり」ということばにあります。「交わり」と訳された言葉は、有名な「コイノニア」という言葉です。「交わり、分かち合い、やり取り」というのがその主要な意味であるとされ、新改訳聖書では、「交わり、あずかる、分ける、醵金、実現」等と訳されています。実際、コイノニアということばがどのように新約聖書中で使われているかというと、

①クリスチャン同士、三位一体の神との交わり（使徒2・42、Ⅰヨハネ1・3）

②苦難の共有（ピリピ3・10）

③福音宣教の共有（ピリピ1・5）

④支援金そのもの（ローマ15・26、Ⅱコリント8・4）

という例を挙げることができます。

パウロが、「信仰の交わりが生きて働くものとなりますように」と祈るのは、ピレモンやオネシモの抱えていた痛みや緊張関係を取り除いてあまりある教会の宝をパウロが知っていたからに他なりません。

パウロは、ピレモンの信仰や愛のわざについて、うわさに聞き、またエパフラスから報告を受けていました。ピレモンの良い行いは、獄中のパウロを励まし、慰め、大きな喜びに満たしていました。

また、パウロは、神の摂理の導きにより、ピレモンのもとを出奔し放浪していたオネシモと出会い、彼をイエス・キリストの救いへと導きました。「獄中で生んだわが子オネシモ」「彼は私の心そのものです」という言葉は、オネシモの劇的な回心と、その後の信仰の成長ぶりを物語っています。オネシモの存在そのものが、獄中のパウロの慰めでもあったでしょう。パウロは、そのオネシモを、出奔してきたコロサイ

教会のピレモンのもとに送り返そうと計画しています。

ピレモンはパウロを慰め励まし、オネシモはパウロの喜び、生き甲斐になっており、またパウロも、ピレモンとオネシモの祝福を願って励まそうとしているという、一方向からではない、双方向の信仰の交わりが生きて働く時、教会は癒やされ、キリストの身たけにまで成長することができるのです。N・T・ライトは、ティンデル聖書註解の中で、「キリストのために」は、むしろエペソ4・12、13に「それは、聖徒たちを整えて奉仕の働きをさせ、キリストのからだを建て上げるためであり、ついに、私たちがみな、信仰の一致と神の御子に関する知識の一致とに達し、完全におとなになって、キリストの満ち満ちた身たけにまで達するためです」とあるように、教会の目標に向かっての成長に言及していると理解するのが最善であると述べています。

コロサイ教会のピレモンの家で起きた出来事に関わるパウロの慎重さ、また配慮は、実に周到です。パウロが、ピレモンを批判していると受け取られないように、また、自分の使徒権や先輩風を吹かせて、ピレモンに命じていると受け取られないように、非常に注意深く、ピレモンにオネシモのことを懇願しています。

パウロは、コロサイの教会とピレモン家に生じた痛みを、とても丁寧に取り扱い、祈っているのです。その祈りの中心にあるのが、「信仰の交わり」であることに注目しましょう。この信仰の交わりは、単なるやりとりだけではなく、そこに起きた痛みを共有し、福音宣教のわざに共にあずかり、その中に働く神の偉大なお姿を共有し、互いに成長してキリストの身たけにまで共に成長するという、実に遠大な交わりなのです。

ここに、痛みを担い合う教会の実例と理想を見ることができるのではないでしょうか。飢饉の時に異邦人教会がエルサレム教会を支えた歴史が新約聖書の中に記されています。しかしここには、コミュニティが破壊され、痛みを抱えている中で、キリストの和解の福音がどのように働くのか、クリスチャンがその痛みにどのように関わるのかについて、多くのヒントが記されているように思います。

東日本大震災で大きな痛みを経験した地方の教会は、決して、信仰が劣っているから、罪を犯してきたから、そのような痛みの中に投げ込まれたのではありません。困難な課題を背負いながら、長い間、精いっぱい生きてきたからこそ味わっている痛みではないでしょうか。

その痛みに直面する中で、私たちは、教団教派を超えたクリスチャンたちが、痛みの現場で協働するという、信仰の交わりを経験しました。もちろん、そのすべてが私たちを慰め、励まし、神の偉大なお姿を共有する交わりとなったわけではありませんが、地方の閉塞感を打ち破り、痛みの現場に立ち続けることを可能にする交わりがあったということが重要ではないでしょうか。

福島では、震災後、各地で新しい教会ネットワークが自然発生的に生まれましたが、その交わりを強化し、励ます被災地域と非被災地域の交わりが存在していました。

ＤＲＣネット（災害救援キリスト者ネットワーク）、クラッシュ・ジャパン、３・11青森教会ネットワーク、相模原牧師会などは、震災当初から、被災地の教会と併走してくださり、その交わりの中で、教会が、牧師たちが、どれほど助けられたでしょうか。

また、ふくしまＨＯＰＥプロジェクト（福島県キリスト教子ども保養プロジェクト）の組織は、被災した地域の牧師たちが、こんな活動をしたいが力が足りないというところに、県外から資金やマンパワーを集めて、痛みや不安を抱える保護者や子どもたちに教会が寄り添うことができるような仕組みとなっています。このような組織作りをしてくださったのは朝岡勝先生（日本同盟基督教団徳丸町キリスト教会牧師）ですが、福島県外の教団やキリスト教団体が、福島県内の教会の働きを支える仕組みを巧みに構築してくださいました。

このような信仰の交わりの中にこそ、閉塞感や孤立感に包まれた地方教会の希望があります。また、イエス様は、「あなたがたに新しい戒めを与えましょう。互いに愛し合いなさい。わたしがあなたがたを愛したように、あなたがたも互いに愛し合いなさい。もし互いの間に愛があるなら、それによってあなたがたがわたしの弟子であることを、すべての人が認めるのです」（ヨハネ13・34、35）とも、「それは、あなたがわたしを遣わされたことと、あなたがわたしを愛されたように彼らをも愛されたことを、この世が知るためです」（ヨハネ17・23）とも言われました。そこには、私たち教会の交わりが生きて働くことが、福音宣教の大きな力でもあることが示されており、それは、地方教会の大きな光でもあります。

3　未来の展望

今、震災から五年が過ぎ、私が願っていることは、パウロがピレモンのために祈ったように、「信仰の交わりが生きて働きますように」ということです。被災地の教会も、非被災地の教会も、共に成長しキリストの身たけにまでいたる信仰の交わりが強められ、効果的に働くことです。

そのためには、地域の教会や、地域教会ネットワークに、教団教派を超えて伴走してくださるクリスチャンや教会の存在が必要です。途中で挫折したかたちにはなったけれども、東北ヘルプの姉妹教会プロジェクトなどは、非常に良いアイデアだったのではないでしょうか。姉妹教会プロジェクトで結ばれた教会の交わりが、その後、どのように発展し、継続しているかには、大きな関心があります。

また、私が震災時に牧会をしていた福島聖書教会は無牧になっていましたが、不思議なかたちで、教派を超え、地域を越えて、大阪から牧師が導かれました。そのことを通して、関西と福島をつなぐパイプが生まれました。オネシモが、獄中のパウロと、ピレモンやコロサイの教会をつなぐ信仰の交わりそのものであったように、一人のクリスチャンの存在が、遠く離れた地域にある教会と教会、クリスチャンとクリスチャンをつなぎ、互いに励まし合い、共に成長する信仰の交わりを生み出すこともあるのです。震災による人材流出が、ボディブローのようにこたえていた地方の教会にとって、他地域から福島を視察するために教会の礼拝に出席された兄弟姉妹との交わりが、どれほどの慰め、励ましとなったでしょうか。しおれた教会が息を吹き返していく姿は、そのような報告を聞く者にとっても大きな喜びです。どのようなかたちが可能であるかはわかりませんが、双方向の人的交流がなければ、信仰の交わりは生きて働かないのではないでしょうか。

未来に向けて、日本の教会の中に、生きて働く信仰の交わりが形成され、私たちの交わりが、三位一体の神の交わりにまで高められ、神の栄光が現れることを願ってやみません。

4　それぞれの発題を受けて

(1) 日本伝道会議の発題の場を通して感じたこと

プロジェクトのメンバーとして加えられ、若井先生、松田先生とともに発題をした後、参加者からさまざまなフィードバックがありました。地方伝道の現場で、さまざまな苦労を経験してこられた方々からは、現場の痛みがひしひしと伝わってきたと共感していただいたり、また、震災の現場からこのような話を聞いたことはなかった、初めて聞いた話ばかりだとおっしゃる方もいました。また、これから三人で全国行脚をしてはどうか、という途方もないご提案をいただいたりもしました。また、参加者の中には、わざわざ福島の私たちの教会を訪問してくださり、共に礼拝をささげてくださった方もいました。

そんな熱気に包まれた一つの理由は、私たち三人が体験した「痛み」を、それぞれが率直に語ったからではなかったでしょうか。私自身は、震災後の六年間を振り返って、ずいぶん無理をして、オーバーワークの連続でここまで歩いてきたと実感しています。否応なく巻き込まれた震災後の混乱や、今まで経験したことのない「震災ブーム」の中で、もみくちゃにされ、自分を見失い、悩み、葛藤し、疲れ果てる経験をしました。それぞれが発題した内容は、視点も論点も違っていますが、共通しているのは、そのようなもみくちゃにされた経験の中から、自分自身を内省し、キリスト教界を眺め、みことばに聞きつつ思索をしてきたことが、参加された多くの方々の共感を得るところとなったのでしょう。

そのような意味で、他の二人の先生方の発題に、私も、敬意を込めて応答し、また、このプロジェクトが、そもそも地方伝道と共生というプロジェクトから生まれてきたという由来を持つのですから、「痛みを担い合う教会」というテーマが、地方伝道や共生というテーマにどのような方向性を与えるのかを考えてみたいと思います。

（２） 地域の歴史に学ぶ

お二人の発題を聴きながら、歴史に学ぶという姿勢の大切さを実感しました。松田先生は、「痛み」というテーマを掘り下げ、過小評価、過大評価の危険性を指摘されました。それは、ご自分が今、福音主義的信仰に立つ者であると自覚しておられるが、信仰の背景には、メインライン（ＷＣＣ、ＮＣＣ系）の教会があるというアイデンティティーゆえの発言で、昨今の福音派が、かつて複雑で多様な痛みを単純化し、それを理解しようとする努力を放棄してきた態度を反省し、とってつけたように社会的責任を語り、『直接的伝道よりも、まずは支援』と言いつつも、その実践はぎこちなく、豊かな福音理解からにじみ出てくる実践とはなっていないのではないかと語り、「単にＮＣＣ系の後追いをするのではなく、より注意深く聖書に聴き、より堅く聖書に立脚し、福音主義的な人間論に基づいて『痛み』と向き合っていく必要があります」と警告してくださいました。私たちは、自分たち福音派の歴史に学ぶだけではなく、NCC系の教会の歴史にも関心を持ち、互いに学び、補完し合う実践が必要なのではないだろうかと教えられました。

また、若井先生は、東日本大震災の支援活動に関わる中で、「地域というものに対する意識が不十分であった」と語り、宣教が困難であると言われてきたこの地域に宣教してきた多くの先人たちの存在に気づき、その歴史に学ぶ姿勢が欠如していたことを指摘されました。地域の課題と向き合い、地域の痛みを担ってきた先人の歴史に注目しなければ、「痛みを担い合う教会」として成長できないのではないかと考えさせられました。

さらに、若井先生は、聖書に基づく歴史観、終末観をもつ必要性を述べておられます。地方宣教の歴史を掘り起こして学び、そこから地域の痛みを私たちの痛みとして担い、その働きの末端に自らを位置づけることを通して、公同の教会としての一体感や、一致を確認できるのではないかと問題提起をしておられます。福音派、NCC系を問わず、その地域の福音宣教の歴史に注目することは、私たちが、東日本大震災を通して改めて意識することになった「公同の教会」の一部分として、福音宣教のわざにともにあずかる大切な鍵ではないでしょうか。

(3) 個人的体験から、教会としての働きへ

今回、はらかずも二人の発題者が、イエスが群衆を「羊飼いのない羊のように弱り果てて倒れている彼らをかわいそうに思われた」(マタイ9・36)というみことばに触れ、神のあわれみに言及されました。確かに、痛みの現場で、私たち自身がこの神のあわれみに触れ、また、この神のあわれみを痛みの現場にある他の方々に伝えるために悪戦苦闘してきましたし、悪戦苦闘してきたはずです。教会に集められたクリスチャンたちは、この神のあわれみを経験したからこそ、クリスチャンとなったはずです。

ところが、支援の現場や、教会の内側から明らかになったことは、「包括的福音を！」と叫びながら、あまりに浅薄な福音理解しか持ち合わせていなかったのではないかという反省や、痛みを担うことのできない教会の体質があるのではないかという洞察でした。信仰ということばを振りかざしながら、現実の痛みや苦しみを理解できず、「不信仰」とさばいたり、「直接伝道を避けている」と批判したり、結局「成果」を求めて、「痛み」の中にある方々をより大きな「痛み」の中に投げ込んでしまったことが、確かにあったのではないかと深刻な反省が語られたことは、大きな衝撃でした。

このことをいろいろ思索する中で気がついたことは、クリスチャン個々が包括的で骨太の福音を体験することはまず第一のことですが、同時に、個人的な「神のあわれみ」の体験が、教会という組織の中に受肉していないという現実です。教会に所属するクリスチャンで「神のあわれみ」を否定する人はいないでしょう。程度の差こそあれ、「神のあわれみ」を体験してきたのではないでしょうか。しかし、教会が地域に出て行き、その地域の痛みに触れ、神のあわれみを伝えるために、教会としてどのような働きをするのかという段になると、理想どおりにはいかず、個人の働きのレベルから抜け出すことができないのです。

どんなに良い働きも、それが個人の体験でとどまり教会としての働きに結実していかなければ、結局は歴史の中に埋もれて、その人がいなくなったら消えてしまうのではないでしょうか……。「神のあわれみ」を体験し、包括的福音・骨太の福音をいのちがけで生きる者として、その福音を教会の中に、どう形にしていくのか、大きな課題を突きつけられたように感じました。

(4) 具体的方策の模索

「痛みを担い合う教会」が形成されていくためには、どのような方策が可能なのでしょうか。その一つのヒントは、「歴史に学ぶ」という姿勢だと思います。松田先生や若井先生の発題から、私たちは教会の歴史を丁寧に学び、地域の宣教の歴史を丹念に掘り起こすという作業が必要なのだと感じました。「痛みを担い合う教会」となるためには、歴史に学ぶ中から、自分たちが立っている場所を再確認し、「公同の教会」を意識する必要があります。独善的になり、自分たちだけが神のご計画を実現する教会であると思い上がることがどれだけ危険であるかは、この震災支援の現場から私たちが学んだところではないでしょうか。地域の古老に歴史を聞くことも一つの方法でしょうし、東北ヘルプが「東北キリシタン」と「キリストさん」に出会う旅を企画していることなどは、その地域の歴史を掘り起こし、震災支援の現場の痛みを理解する上で、大きな助けとなる実践ではないでしょうか。

第二に、「神のあわれみ」を体験し、包括的福音・骨太の福音をいのちがけで生きる者として、その福音を教会の中に受肉させていくにはどうしたらよいのかという課題には、教会やネットワーク間の「交わり」が、ひとつの鍵ではないかと考えています。東日本大震災後、被災地には、さまざまな教会ネットワークが生まれました。また、そのネットワークを支えた非被災地からの支援がありました。その交わりが非被災地から被災地へという一方向の交わりであれば、災害が収束したらその交わりも消えていきます。しかし、それが双方向であれば、互いに学び、互いに成長する豊かな「信仰の交わり」となるのではないでしょうか。そのような双方向の交わりを可能にするのは、姉妹教会プロジェクトのような、教団・教派を超えた教会の交わりを促進する仕組みが、教会ネットワーク間にも必要なのではないかと思うのです。姉妹教会ネットワークプロジェクトのようなものがあったら、孤立化や、独善を逃れ、広い視野で、歴史を共有し、ともに成長していけるのではないでしょうか。

「痛みを担い合う教会」とは何か

飯能キリスト聖園教会牧師　若井和生

東日本大震災の後、陸前高田を訪問した際の衝撃を私は一生忘れることはできないと思います。町の中心部のほぼ全域が破壊され、消滅していたからです。岩手に住む者として以前から陸前高田を訪ねたことが何度かありました。町の風景とか雰囲気とか、それなりに知っていた者として、それらが一瞬でなくなってしまった事実が信じられず、まるで悪い夢を見ているかのような感じでした。しかし当時は自衛隊員がまだ破壊された家屋の中に被害者の遺体が残されているのではないかと懸命の捜索をしている時です。その光景を見ながらことばを失い、ただ涙しか出てきませんでした。

まもなくして全国からの支援が岩手にも届き、多くの支援者の方々が被災地まで駆けつけてくださいました。それによって教会として被災地に対する関わりが与えられてきました。その後、教会として味わってきた恵みと課題の両方を以下に整理します。

東日本大震災後に教会として味わった恵みと課題

1　地域とのつながり

東日本大震災は教会が地域に対して開かれる時となりました。被災地に残された被害の大きさ、人々の悲しみの深さ、混乱の深刻さと向き合わされる、その中で神様の祝福と慰めとを何度も祈らされてきたことです。人々が抱える重荷をともに担ったり、必要に応えたりすることの難しさを感じさせられながらも、地域の人々との出会いが与えられたことを単純に喜び、その出会いを感謝し、人々や地域に仕える機会が与えられていったと思います。教会が地域に立てられていることの意義を知らされ、神様の祝福を地域にもたらす者でありたいと願わされました。そして、神様が宣教の新しい扉を開いてくださったと感じました。

ただ被災者の多くが未信者で、三陸に教会が非常に少ない事実に気づかされた時、この地域に対する私たちの福音宣教の意識は必ずしも高くなかったということを示されました。同じ岩手に住みながら私たちの意識の中心は大きな町々が点在する内陸部に向けられ、被災地とされた地域に対する宣教の重荷は地元の教会によっても十分に担われてこなかったのです。

それ以前に地域というものに対する意識が不十分でした。被災地への支援活動を進める中で、その地域性を考慮しなければよい働きは継続できません。そのためには地域の人々の理解と信頼関係が欠かせません。地域と向き合う必要を覚えさせられる一方で、自らの牧する教会においては地域に対する視点や配慮がないことを示されました。被災地の痛みに向き合っているのに、自ら立っている地域の痛みに関しては関心が非常に乏しいという矛盾を突きつけられたのです。

私たちの教会の側に何かが決定的に欠如していることを意識させられました。震災を通して地域に対する門戸が開かれ、宣教の新しい扉が開かれたのは事実です。しかし私たちは、そこで満足することはできませんでした。なぜ私たちは地域に開かれた教会形成ができなかったのか。なぜ人々の悲しみや痛みを担うことができなかったのか。それらのことを検証する必要を感じました。

さもなければ、せっかく与えられた気づきが十分に生かされることなく、気づきだけで終わってしまうような気がします。

2　公同の教会

私たちは働きの中で「教会」という名前を決して隠さないようにしました。いろんな国々や地域から、さまざまな教団・教派の方々が駆けつけてくださいましたが、すべての方々が「教会から来ました」と挨拶して、地域の人々と関わってくださいました。それが地域にとっても必要なことだったと思います。地域の人々にとっては、私たちがどこの教団・教派に属しているかどうかはまったく関係ないことだからです。そしてどの教派のクリスチャンであっても、同じクリスチャンであり、同じ教会の人であるということが地域の信頼を得るためには必要なことでした。東日本大震災を通して私たちが教えられたことは、教会が公同の教会であるということです。そして、その教会から地域へと私たちは遣わされているということでした。

しかし、それでも教派や教会による考え方の違いや縄張り意識のようなものが見られ、一致して働きを進めることができない時がありました。また現地で、あるいは背後から支えてくださる教会やクリスチャンの方々から寄せられる期待に、私たち自身が十分に応えることができないこともありました。私たちの側の配慮が欠如していたために、多くのご迷惑をおかけしたということもあります。多くの連携が必要とされる中、コミュニケーションの行き違いや共通理解の欠如、考え方の違いなどによって働きがうまく進められなかったり、進められたとしても一部に不満が残ってしまうという場合もありました。それらの対処に時間や労力がとられ、牧師やスタッフが疲れ果ててしまうという問題も起こりました。教会が一つであるということの祝福と、その一つを保つことの難しさの両方を味わいました。

3　継続の中に表される主の恵み

被災地に確かに教会の数は少なかったかもしれません。伝道が十分になされてこなかった地域だったかもしれません。しかし数は少なくても、その地域に主によって遣わされた伝道者たちがおられ、丁寧な宣教・牧会が今までなされてきました。その多くは地域社会の厳しい現状の中、孤軍奮闘してこられた先生方でした。大震災はそのような伝道者に対して、私たちの敬意を新たにする機会となりました。またそれら地域の教会が今まで積み上げてきた努力や成果を破壊してしまうような働きはしないように、むしろそれらの地域教会との連携によって、それまでの成果が生かされる働きをしようと細心の注意を払いました。そのように、それまでなされてきた働きの継承を心がけました。

東日本大震災後にたくさんのボランティアや支援者の方々が駆けつけてくださり、そのような方々がいまだに与えられていることを感謝しています。被災地に滞在してご奉仕くださる方々の滞在期間はそれぞれ違いますし、その中でできることは限られています。しかし私たちは一つ一つのご奉仕に感謝し、それらをひたすらつなぐ働きに徹しました。するとそのような小さな働きの継続と積み重ねを通して、人々との信頼関係が深められ、働きが進展していくことを何度も体験してきました。そして顔ぶれが変わってもそれは同じ主の働きであり、また神様の働きは長い時間の中でなされていくということもわかりました。

その一方で気づかされたことは、歴史に対する私たちの理解が必ずしも十分ではなかったということです。宣教が難しいと思われ、それゆえ主の働きが十分になされてこなかったと思われがちなこの地域にあって、すでにこの地の宣教に従事していた先人たちが多くいたということに気づかされました。そしてその多くの働きは地域の課題と向き合い、地域の痛みを共に担ってきた働きでした。それらの積み重ねがあるのに、それらを覚えることも、受け止めることも、引き継ぐことも私たちには十分ではありませんでした。

4 教会の一致

大震災後の歩みを振り返ってみて一番感謝だったのは、同じ岩手に遣わされた同労者たちと心を一つとして共に労することができたことです。岩手には教会の数が少なく、個々の教会では膨大な重荷を担うことはまったくできませんでした。それぞれの教会の連携が欠かせない必要でした。数は多くありませんでしたが、いくつかの教会が連携し、特に同労者たちと共に教えられたり、悩んだり、祈り合ったりできたことは私にとって大きな恵みでした。

しかし、教会の中にさまざまな温度差が生じてくることは避けられないことでした。被災地に頻繁に通うことのできる信徒がいるその一方で、健康や仕事上の理由で被災地になかなか足を運ぶことのできない信徒たちもいました。被災地の現場を見た者たちはその体験や感動を互いに分かち合うことができます。しかし、それを体験していない者たちの中にはその輪の中に入れず、疎外感や申し訳なさを感じてしまう方もおられるようでした。また遠方から多数のボランティアの方々が駆けつけているのに、近隣にいる自分たちが何の力にもなれていないということで引け目を感じてしまう方々もおられました。

被災地支援に携わる牧師たちは、多かれ少なかれバランスを考えながら奉仕してきたように思います。教会の外にいるたましいの必要に応えながら、同時に教会の内にいるたましいに対する配慮に欠けることがないように、あるいは欠けているという印象を与えないように、それなりに心を砕いてきました。礼拝堂が支援物資で埋め尽くされたり、ボランティアの方々が次から次に駆けつけ、通常の教会の活動が阻害されることに不安を覚える信徒たちのために、主が教会に望んでいるみこころは何か、確認する作業がたえず必要になりました。被災地での働きが忙しくなったり、長くなったりする中で「教会の本来の務めがなされていない」と感じる信徒もおられたようです。そこで考えさせられたのは「教会の本来の務めとは何か」「教会の使命は何か」、そもそも「教会とは何か」ということでした。教会が絶えず揺さぶられる日々でした。

教会の一致が大きく揺さぶられたのは、やはり放射能の問題と向き合った時だったように思います。被災地支援では一致して働きに携わっていた兄弟姉妹の間に、放射能の理解の違い、受け止め方の違いによって複雑な分裂が起きてしまったからです。放射能の不安におののき、危険を警告する方々が教会の中で孤立するという問題が起きてきました。痛みを担っているその人の痛みが、痛みとして教会の中で担われていかないという問題です。

私自身がその問題の一部でした。私の妻が放射能の問題に敏感に反応し、その問題を指摘し始めた時、その姿は私の目には「不信仰」と映ってしまいました。信仰が欠如しているために問題に振り回されていると見えたのです。信仰があればどんな大きな困難さえも乗り越えることができるし、少なくともキリスト者は乗り越えることを目指さなければならないと、牧師として思っていました。

しかしそのような発想を、私は次第に修正するよう迫られました。信仰ということばを振りかざして、現実をまったく見ようとしない自分の態度を厳しく示されたからです。そして思いました。現実が見えてこない信仰、苦しんでいる人のその苦しみや痛みがまったく見えてこない信仰とは、いったいどのような信仰なのか。私の信仰と福音理解に大きな問題があることを意識したのはその時です。自分はいったい聖書をどのように読んできたのか、どのように福音を理解し、その中に生きてきたのか、根本から問われることになりました。

そして福音派を自称する牧師がこのような有様であるとするならば、福音派を自称する教会にも同じような傾向があるのではないかと思わされました。つまり、痛みを担うことのできない体質が教会の中にあるということです。この部分の検証が、私たちには必要ではないかと思わされました。

みことばと向き合う――教会とは何か

1 山上の説教

教会は何かということを考える上で特に強く意識させられているのは、マタイの福音書5章から7章に記されている山上の説教です。イエス・キリストが弟子たちに神の国の価値観と生き方とを教えた山上の説教は、この世の国の中にイエス・キリストによって神の国がもたらされた事実を宣言し、同時に神の裁きが近いという終末時代の切迫感の中で語られました。

この説教の前半部分で、イエス・キリストはひたすら私たちの心の問題に注目しました。神の国で幸いな人とは神様との関係において心の問題に解決が与えられている人であると教えられました。心の貧しい者、悲しむ者、柔和な者、義に飢え渇く者、あわれみ深い者、心のきよい者、平和をつくる者……。そのような人が神の国では幸いな人であると教えました。キリスト者としての実践の前に、私たちの心の状態をイエス様は問題としていることがわかります。主は私たちの行いやふるまいの前に、私たちの心に注目し、私たちの心の問題は十分に解決しているのか、そして聖霊によってキリストの心が与えられているのか、そのことが最初に問われています。

被災地にキリスト者として関わり、そこでいわゆる直接伝道を避け、人々に行いによって仕えている私たちの支援活動を見て、「他の一般の支援団体とまったく同じことをしている」「そこでみことばを語らなければ、一般の市民団体と何も変わらないではないか」と批判されたことがありました。非常に傾聴すべき指摘と思わされました。確かにそのような支援活動には、人々のたましいの課題に直接向き合うことを避け、教会が社会的に認知されたことで満足してしまう誘惑が潜んでいると思わされました。キリスト教が高く評価されたことが今までほとんどない地域だからこそ、その誘惑は大きいと思いました。確かに福音を行いだけではなく、ことばにおいても伝えていかなければならないと強く思わされました。

同時に、この世の市民団体とふるまいにおいて同じであるからこそ、その本質が問われるのではないかとも思いました。たとえやっていることが同じであっても、見かけのふるまいが同じであっても、私たちが本当にキリストに連なり、キリストによって生かされているのなら、それが同じものであるはずはありません。同じように見えるふるまいの中に必ずキリストの愛があり、あわれみがあり、祈りがあるはずです。むしろ同じだからこそ、そこで浮き彫りにされる違いがあるのではないかと思いましたし、それこそが私たちに求められていることだと信じます。

そしてイエス・キリストは弟子たちに対して「あなたがたは、地の塩です」(マタイ5・13)、「あなたがたは、世の光です」(同14節)と語られました。私たちが何者であるのか、つまり私たちが決して失ってはいけない本質を示されました。塩は塩気があるからこそ存在する価値があります。もし塩気を失ってしまえば、それは何の役にもたたず、それゆえに捨てられてしまいます。同様に、光も光を失ってしまえば何の役にもたちません。光を放っている限りにおいて、それは存在の意味があります。

同時にそれは、この世にあってあなたがたは異質なものであり続けなさいという教えです。地の塩の譬えにおいては、この地上が罪のために腐敗している世界であるということが意識されています。世の光の譬えにおいては、この世が暗闇であることが意識されています。そのように罪のために腐敗し暗闇に支配されているこの世において、それとはまったく異質なものを表せるのは教会だけです。地の塩、世の光としての本質が与えられている教会だけが、この地上の腐敗をきよめ、この地上に慰めと希望の光を灯すことができます。その本質に生きることがすでに宣教の一部であるし、その存在意義こそが問われているということがわかります。そしてそれは、私たちが地上に置かれながら、地上の国の民ではなく、キリストによって贖われ、神の国の民とされた確信にどれだけ生きることができるのか、ということでしょう。「天の御国はその人たちのものです」という確信と幸いに生きることが求められています。

2　神のあわれみ〜キリストのいたみ〜聖霊のうめき

また群衆を見て、羊飼いのない羊のように弱り果てて倒れている彼らをかわいそうに思われた。

（マタイの福音書9章36節）

イエス・キリストによってなされた福音宣教は、ことばとわざとによってなされました。ことばによって神の恵みを語り、わざによってその恵みを証しされました。しかしその背後にはキリストの心があったことを教えられます。「かわいそう」と訳されていることばは「内臓」を表すことばが基になっており、イエス様が群衆の痛みを他人事としてではなく、自分自身の痛みとして感じられたということを表しています。そして、それは人間に対する神のあわれみを表しています。

しかもイエス様の痛みの中心は、群衆に羊飼いがいないこと、それゆえに彼らが弱り果てて倒れてしまっている点にありました。羊に羊飼いがいないのは、羊が羊飼いに背を向け、自分勝手な道に向かっていった結果、さまよっているからです。それはあくまでも私たちの罪の結果でした。しかし、父なる神はそのような私たちが誰一人として滅びることを望ます、深くあわれんでくださいました。そして、ご自分のひとり子イエスを私たちに下さいました。罪の結果として私たちが招いてしまった悲惨に対して、神は深くあわれんでくださったのでした。

さらに罪の結果として被造物全体が負った痛みとうめきの中にあって、聖霊は「御霊ご自身が、言いようもない深いうめきによって、私たちのためにとりなしてくださ」ると記されています（ローマ8・26）。このように私たちは聖書全体を通して、三位一体の神が私たちの痛みに無関心ではなく、むしろ自らの痛みとしてその痛みを担ってくださり、私たちを深くあわれんでくださり、そしてともにうめいてくださる方であることを教えられます。この神の苦しみの中に私たちが招かれていること、そして与えられている苦しみの中でこの神と出会うということが、私たちにとっての慰めであり希望であることがわかります。

3　キリストこそわが平和

放射能の問題は、その影響を受けざるを得なかった多くの教会にとって深刻な問題となりました。放射能の危険を感じ、その影響に怯える人々がいる一方で、放射能のことをあまり表ざたにしてほしくない人もいます。そもそも放射能は目に見えませんので、受け止め方は人それぞれです。それに加え、信仰者のあり方として、放射能を心配するのは不信仰であると受け止める人がいます。恐れや不安を正直に分かち合って、互いに祈り合うのが教会の姿であると考える人もいます。教会内にいろんな考え方が混在する中、交わりが表面的になってしまったり、精神的ストレスがたまってきてしまったり、問題が顕在化してしまうこともありました。そこで絶えず問われたのは、教会の一致ということでした。私たちが何を土台として教会を築き上げているのか。本当にキリストを土台として教会を築き上げているのかということでした。

キリストこそ私たちの平和であり、二つのものを一つにし、隔ての壁を打ちこわし、ご自分の肉において、敵意を廃棄された方です。（エペソ2・14～15）

パウロはこのことばを感動をもって語っています。それまでユダヤ人と異邦人が一つとなって神様を礼拝することはまったく考えられないことでした。人間的に考えるならあり得ないことでした。互いに互いを軽蔑し合い、憎み合う関係だったからです。そのあり得ないことが実現したのはなぜか。それはキリストがご自分の肉において敵意を廃棄され、隔ての壁を打ちこわし、二つのものを一つにしたからです。まさにキリストこそが私たちの平和であるし、キリスト以外にこの平和は実現しないことを教えられます。大震災とそれをめぐる混乱の中で私たちが絶えず問われたこと、それは教会が本当にキリストの上に建てられ、キリストに根差した共同体だったのかどうか、ということでした。さまざまな考え方や立場、そしてそれによって起こってしまった対立や分断を越えて一つとされる道は、キリストにしかないと教えられます。

4　歴史の主の一貫した働き

さらに私たちは、神様の働きは完成に向かっているという聖書に基づく歴史観、終末観をもつ必要を感じました。

東日本大震災は、確かに大きな歴史的分岐点だったかもしれません。「3・11以後」ということばが語られ、それまでとはまったく違う時代がやって来たと受け止められた向きがあります。そしてこれを契機に教会の新しい動きが加速し、大きな展開を見たのは事実です。しかし、それによって今まで積み重ねられた働きが軽んじられたり、否定されたりすることがあってはいけないと感じています。私たちの信じる神は歴史を支配する主であり、主の働きは長い時間の中で継続される一貫した働きだからです。よって、それぞれの時代になされてきた働きが細切れの働きとしてではなく、主の一貫した働きとして私たちの中で理解されていかなければなりません。そして、その後を引き継ぐものとして私たちの働きを歴史の中に位置づけていかなければなりません。

しかし多くの場合、この歴史に対する感覚が私たちの福音理解と宣教には欠如しているか、不十分だと思わされます。東日本大震災を経て、私たちは改めて三陸の宣教の歴史に注目しましたが、多くの先人たちがこの敢えて厳しい地域を選んで、自らに委ねられた宣教の現場として、祈りつつ労してこられました。私たちには知られていない働きも多くあると思います。この地は気候的にも社会的にも非常に厳しい地域でした。冷害、凶作、飢餓、津波、その他の社会的抑圧に忍耐を強いられた地域でした。その中で宣教するとはつまり、その痛みを共に担うという働きでした。

それらの厳しさとキリスト教会全体からの関心の薄さによって、残念ながら道半ばにして働きを閉ざしてしまった働きも多くあります。それゆえに、歴史的に何の評価もされず埋もれてしまった働きが多くあります。それらを丁寧に掘り起こして、そこでつぎ込まれた祈りや労力に感謝すること、その働きの末端に自らを位置づける作業が求められています。

教会と宣教のそのような眠った歴史が日本各地にあるはずです。それぞれの地域でそのような掘り起こしがなされ、地域の痛みを痛みとして担い、その中でみことばに根差した教会形成がなされる時に、教会は教会としての本質をいよいよ豊かにされ、本来与えられている一体性を確認し、公同の教会として、人々に仕えていけるのではないかと思わされます。

東日本大震災を通して、特にそれに伴う福島第一原子力発電所の事故によって、私たちは終末の時代というものを強く意識させられました。今回の事故によって福島をはじめとする多くの人々に放射能汚染の影響が及びました。その影響が今後どのように人々の生活と計画を蝕んでいくのか、私たちはまだ十分には知り尽くしていません。それでも最悪の事態は避けられたと聞きました。もし、原発が大爆発を起こしていたならば、少なくとも日本の東側の半分は人が住めない地域になっていただろうと言われています。そのような事態に陥る危険はいくらでもあったし、今でもあるということが指摘されています。私たちの生活が非常に危うい基盤に成り立っており、その危険はいつでも存在していることを自覚しました。

戦争やテロの噂を聞くにつけ、今後ともその危険を覚えさせられます。原発を狙ったテロ行為の危険も指摘されています。私たちは人間の愚かさを実感すると同時に、キリストの再臨がいかに必要かを覚えさせられます。そしてキリストの再臨こそが私たちの希望であることを教えられます。その日が来るまで、私たちの苦しみが絶えることはありません。しかし、私たちの肉体が完全に贖われる日がやって来ます。私たちのうちで始められたよい働きは、かの日には必ず完成します。そのような聖書的歴史観の中に自らを位置づけることが、私たちには求められています。

東日本大震災を忘れないために

今、時々思うことがあります。今までたくさんのクリスチャンの方々が被災地に駆けつけてくださいました。それらの方々は、今、どこで何をしておられるだろうか。置かれている場でどのような歩みをしておられるだろうか。被災地で与えられた経験が今、どのようなかたちで用いられているだろうか。被災地で与えられた主からの問いかけと問題意識が今、どのように深められているだろうか。あの時熱心に祈った祈りが、今でも継続されているだろうか……。そう言う私も昨年、被災の現場だった岩手を離れ、埼玉県の教会へと働きの場を移しました。今では遠方から東北の働きを祈ったり、支えたりする者へと変化させられています。

こちらに来て感じたことが一つあります。それは、東日本大震災は日本全体としては、やはり過去のものになってしまった、ということです。東北の内部でももちろん意識の差はありますが、それでも震災の影響と混乱はいまだに続いていることを実感させられます。目に見える復興は進んだように見えても、壊された経済や社会の再建はあまり進んでいません。震災前から深刻だった若い人々の人口流失と高齢化の進展は震災後、急速に進んでいます。分断されたコミュニティや人間関係の修復も残されたまま。目に見える復興に、人々の心はまったく追いついていません。被災地に残された人々の頑張りだけでは、どうすることもできない厳しい現実があることを、東北にいれば嫌でも意識させられます。

その中にあって、東北の多くの教会は奮闘し続けています。多くの支援者が去った今だからこそ、教会が大事であることもわかります。希望を失っている方々、さらに深い慰めや励ましが必要な方々が多くおられることを知る時、今こそ教会の出番だと思います。ですから東北の多くの教会にとっても、大震災は現在進行形の事実です。

でも関東に移り、日本全体としては、東日本大震災は過去のものにされているような感じがしました。その意識の差に戸惑いと寂しさを感じることがあります。そんな中、自らの立ち位置を探り、関東の地で自分がなすべき役割について考えてきました。東日本大震災が忘れられてしまわないよう被災地の話を紹介してみたり、被災地からゲストを招いて人々の意識を喚起させてみたり、自分でも意識が薄れてしまわないように、時々、東北に戻って被災地を訪ねたり、そんな努力もしてみました。大震災を忘れない取り組み、過去のこととして埋もれさせない取り組みは確かに大切だと思います。

同時に思います。大震災を忘れないとは、いったいどういうことだろうか。人間は忘れる動物です。忘れるように造られていると言っていいのではないでしょうか。忘れるということにも何か大切な意味があるのかもしれない。そんな人間の性質を意識しながら、「大震災を忘れない」とはいったいどういうことなのか、考えさせられます。

　そしてそれはあの時、学んだこと、経験したことを、今、置かれているところで実践するということではないかと思い至りました。多くの方々が被災地に来て、泥のかき出しをしたり、支援物資を届けたり、イベントを用意したり、ケーキやお菓子を焼いて届けたくれたり、訪問したりしてくださいました。痛みを負った人々の友となり、その必要に丁寧に答えてくださいました。私もボランティアの方々と一緒になって、そのような人々との関わりを大切にしてきました。

　それと同じことを今、自分の置かれているところでやっているだろうか。同じような意識をもち、同じように地域に出て行って、傷ついた人々、小さき者たちの友となり、その必要に答えようとしているだろうか。東北や、またその後起きた九州の被災の現場に駆けつけていくことももちろん大事ですが、それよりも、もっと大事なことがあるように思います。それは今、置かれたところで地の塩、世の光として生きること、今あるところで人々に精いっぱい仕えること、イエス様が生きたように生きること。そこからすべてが始まるのではないでしょうか。教会の存在力が今、問われています。そのような主の労苦が共有されていくところに、主にある真の交わりが形成されていくように思います。

　パウロがコロサイの信徒たちに語った次のことばが思い出されます。

　　何をするにも、人に対してではなく、主に対してするように、心からしなさい。あなたがたは、主から報いとして、御国を相続させていただくことを知っています。（コロサイ人への手紙3章23、24節）

「何をするにも、人に対してではなく、主に対してするように、心からしなさい」と命じられています。

仮にそれが人に対してのことであっても、主に対してするようにと命じられています。そしてその先には、主からの報いが用意されていること、その報いとは御国であることも教えられます。

このみことばを前に問われるのは、私たちは心の深いところでいったい何を求めているのか、ということ。この世で得られる評価や評判を求めているのか、褒められることを求めているのか。教会としても、支援活動の結果として世間から認知されることを求めてしまっていることはないだろうか。キリスト教会がこの世の中にあって社会から評価され、居場所を確保することを求めてしまっていることはないだろうか、と考えさせられます。もし、このような意識で生きていく時、教会間で味わわれるのは競争とライバル意識、自らの達成感とそれに付随する優越意識、その逆の敗北感と劣等意識ではないでしょうか。そこに教会としての真の交わりが形成される余地はありません。

しかし、もし私たちがこの世から与えられる報いではなく、主が用意してくださっている報い、つまり御国を求めていく時、この世での労苦は主の労苦となり、この世での痛みは主の痛みとなります。私たちがキリストのからだとして機能していくために、必要な自覚ではないかと思わされます。

東日本大震災のあとしばらく、私たちは確かに特別な気持ちにさせられ、特別な経験が与えられ、特別な時を過ごさせていただいたように思います。あの時、味わった不安と混乱、感動と興奮は果たして日常から解放された「非日常」ならではの特別な経験だったのでしょうか。あの「非日常」を、今ある私たちの日常の中で味わうためにどうしたらいいのか。神の圧倒的臨在と支配の中で御国の民として生きる「非日常」の自覚が、私たちの日常の歩みの中に求められているのではないでしょうか。

互いに分かち合う共同体への手がかり

クリスチャン新聞編集顧問　根田祥一

「痛みを担い合う教会」というテーマは、第5回日本伝道会議（JCE5）の「地方伝道」プロジェクトが提言した教会の本質的なあり方、「互いに分かち合う共同体としての連帯」と相呼応します。同プロジェクトでは、約百八十人のプロジェクト会議参加者のみならず、他の出席者とも問題意識を共有することを目指し、結論をまとめて、アピール「全教会の課題としての地方伝道」を発表しました。同アピールではまず、地方教会の過疎化や疲弊など危機的な状況の現状認識を報告し、将来へ向けて実行可能な打開の方向を模索しました。そして四つの具体的な項目を挙げ、単なる方策論にとどまらず聖書的・神学的な考察に根ざした理念に基づく具体的な提案を示し、総括的にたどり着いたのが「互いに分かち合う共同体としての連帯」という概念です。

そこで本稿ではまず、このアピール「全教会の課題としての地方伝道」を紹介し、東日本大震災を通して教会が投げかけられたことと、JCE5「地方伝道」プロジェクトで問われたこととを突き合わせながら、「痛みを担い合う教会」のあり方について考えてみたいと思います。

アピール「全教会の課題としての地方伝道」

私たちは第5回日本伝道会議において、「地方伝道」プロジェクトで討議した内容を元に、伝道会議の全参加者および全国の諸教会とその牧師・信徒に向け、以下のように問題を提起しアピールします。

1　現状認識と打開への方向

今回の伝道会議のテーマ「危機の時代における宣教協力」は、過疎化の進む地方において急務です。孤立しがちな地方教会こそ宣教協力を必要としています。格差社会といわれる人口や教育・雇用機会などの都市偏在と過疎地の衰退は、対人口比教会数や福音を聴く機会の格差となり教会とその伝道に課題を投げかけています。牧師不足が今後さらに深刻化すると予想される中で、無牧教会の増加や教会閉鎖の危機は地方・過疎地において特に顕著です。

地方教会における恒常的な青年信徒の都市転出や教職・信徒の高齢化は、各個教会の自助努力の域を超えています。「苗床教会」と呼ばれる地方教会が、困難な中で地道な伝道と育成によって送り出した信徒を、都市教会に託さざるを得ない構造は否めません。地方教会の疲弊衰退は、都市教会にも無関係ではありません。地方伝道の問題は、日本の教会全体が共に負い合い取り組むべき課題です。

過去の日本伝道会議においても、こうした地方伝道の課題に対し、1教団・教派の取り組みだけでは限界があることが再三指摘され、教派を超えた協力による国内宣教師の派遣などが提唱されてきました。宣教学者ラルフ・ウィンターは、宣教の使命達成にはモダリティー（教団のような縦型組織）のみならず、ソダリティー（教派を超えた横に広がる運動）が重要であることを強調しました。しかし現実には、いまだ有効な協力関係が構築されてはいません。そこで「地方伝道」プロジェクトでは、聖書的・神学的な考察に基づき、いくつかの観点から実行可能な提言をします。

2 「1教会1牧師」の見直し

牧師不足の打開策として、効率のみに主眼を置いて教会閉鎖・合併が進むことを、私たちは懸念します。ある教会が閉鎖しても、通うことのできる別の教会が生活圏内に存在する都市部とは違い、移動手段に限りがある高齢者や子どもにとって、通える範囲に教会がないことは福音を聴く機会を失うことにつながりかねません。それを防ぐためには、1教会が自前の会堂を持ち、1人（家族）の牧師が常駐して牧会することを当然と考えてきた、従来の教会のあり方を再考することが迫られます。教会堂の有無にかかわらず、1牧会者が複数の群れを担当する「兼牧」、あるいは複数の牧会者が協力し合う「共同牧会」に、打開への可能性が見られます。

3 信徒伝道者の育成

共同牧会に関連して、無牧教会の抱える問題を打開するには、信徒伝道者の育成と働きが不可欠です。現状を打破するためには、牧師は教え牧会する者、信徒は教えられ牧会される者という、従来の牧師・信徒関係の固定観念を打ち破り、互いを初代教会に見られるような「同労者」として位置づけ直す必要があります。特に過疎地域にあって信徒伝道者は、必要に応じて説教や牧会をもつかさどる役割を担うことが期待されます。

4 自給・自活伝道の積極評価

信徒伝道者の育成と共に、牧師が職業に従事しながら自活することに対しても、本プロジェクトではその意義を新しく評価し直すことを試みました。信徒数、とりわけ教会の財政を支える中堅層が少ない地方教会にあっては、牧師が働きながら伝道牧会することは避けられない現実があります。「牧師は信徒の献金だけで支えられ、フルタイムで伝道に専念するべき」との固定観念が捉え直され、地方伝道に携わる牧師が職業に従事しながら伝道する在り方や可能性がもっと積極的に評価されるべきではないでしょうか。そのために、パウロが自給自活精神を全うしたことを、聖書的・神学的に研究することが大切です。

5 神学教育のパラダイム転換

従来の神学校教育は、こうした地方伝道の必要に対応できる献身者を生み出してきたかということが問われます。本プロジェクトでは、その欠けを補う試みのひとつとして、献身者を教室に集めて一定期間の教育訓練を施す伝統的な神学校教育のパラダイムを見直し、新約聖書に基づき主イエス・使徒・初代教会の手法に倣う「教会主体の神学教育・指導者育成」に取り組み始めた、仙台バプテスト神学校の実践から神学教育の新たな理念や在り方の一例を提示しました。また、農林漁業従事者など地域住民の職域にまで届く福音宣教の在り方を調査するなど、地方伝道の対象地域の人々の求めに向き合うことも、神学の重要な課題です。

6 互いに分かち合う共同体としての連帯

教会は互いに重荷を負い合うキリストのからだです（Ⅰコリント12・26、エペソ1・23、ガラテヤ6・2）。地方教会の重荷に、都市教会が無関心であってはなりません。一方が他方を支援し・支援される関係という発想を転換し、都市と地方の教会は、主から託された恵みと福音宣教の機会、そして苦難と重荷を共に分かち合うべきです。地方の伝道はそれぞれの地域の教会が中心となって進められるべきですが、地方教会だけでは負いきれない面を都市教会が共に負うような連帯は、「恵みのわざ」への参与といえます（Ⅱコリント8）。パウロは、教会において分かち合いの精神が失われ兄弟たちの欠乏を顧みないことを、主イエスがないがしろにされキリストのからだが損なわれることと関連づけて警告しています（Ⅰコリント11）。都市教会に出席する地方教会出身者は、両者の架け橋となり得ます。彼らを通して、都市と地方の教会は互いの状況を知り、祈りに覚えることができます。教会籍の転籍の問題や献金などの面で、地方出身者の母教会への思いや重荷を尊重しつつ、出席教会での奉仕を励ますことができます。まず身近な交わりから、分かち合いの共同体を築き上げていこうではありませんか。

２００９年9月23日　第5回日本伝道会議
「地方伝道」プロジェクトメンバー・参加者一同

アピール文は、以上のような経緯で「互いに分かち合う共同体としての連帯」を呼びかけました。この結論に至る準備レポートの中で私は、地方伝道が直面しているさまざまな問題の背景に、これまでのプロテスタント（ことに福音派）の教会形成が、あまりにも個人（各個教会）主義的な発想に偏してきたことがあるのではないかと考え、新約聖書が提示する教会観と照らし合わせてみることを次のように提起しました。

聖書が示す初代教会の教会観・伝道観（特にパウロの意識）

①教会の経済原則――共有と必要に応じた分配

使徒の働き2章44～47節によれば、教会では信者となった者たち（教会の構成員）が資産や持っているものを持ち寄り、それぞれの必要に応じて分配していた。ここに教会の原点ともいえる経済原則を見ることができる。ただ一地方教会内の原則というだけでなく、類比的に全体教会とその構成員（地方教会）との関係における経済原則に適用することも可能だろう。この原則のもとで、教会は心を一つにして礼拝（パン裂き、神を賛美）をともにし、喜びと真心をもって食事（主の晩餐を中心とした生活）をともにしていた（46、47節）。これは、力のあるものが、力のないものを援助する関係ではなく、互いに分かち合う関係と見ることができる。この「分かち合い」に、教会（その構成員である信者たち）の「生活」と「礼拝」が不可分に依拠していた。

②パウロの警告――「分かち合い」の原則が崩れる時

コリント人への手紙第一11章17～34節によれば、この教会の基本原則「分かち合い」のスピリットは、分裂の危機とともに崩れてきたようだ。その時、麗しい分かち合いの席だった「食事」は、「めいめい我先にと自分の食事を済ませる」という利己的な個人主義にとって代わられる。その結果、「空腹な者もおれば、酔っている者もいる」という教会内格差が生じた（21節）。一部の都市大教会が「成長」の美酒に酔っている一方で、自立できない過疎地小教会が空腹を満たされないことに関心を向けようとしない。現代日本の全体教会の状況は、なんとこの記事に符合することか！　そこに顕在化した問題は、分かち合いの欠如である。パウロはこの状況を、「神の教会を軽んじ、貧しい人たちをはずかしめ」ることだと警告している。貧しい人々をはずかしめること（兄弟が貧しさの中にあることへの無関心＝兄弟愛の欠如＝コイノニアの変質）が、教会を軽んじる（聖餐の軽視ないし混乱＝十字架による贖罪の意味の忘却）ということと密接に結び付けられている。そして、そのような本来の教会のあり方から凋落したコリント教会の人々に対してパウロは、主の晩餐がどのようなものであったかを思い起こさせる。すなわち、それは教会を立て上げる源、つまり福音の神髄である「主の死」を、飲食のたびに「覚える」という行為である。

そして、そのことの延長上に「ふさわしくないままでパンを食べ、主の杯を飲む」ことが戒められる。これは、互いに分かち合う兄弟愛を忘れ、主の死の意味を見失った教会の実情を反映していると見ることができるのではないだろうか。パウロは「ふさわしくないままで主のみからだを食し、その血を飲む」ことを、念を押すようにして「みからだをわきまえないで、飲み食いする」と言い換えている。教会が分かち合いのスピリットを失うことは、福音の本質（主の死）を見失うことであり、主のみからだをわきまえないことになる。それは、主ご自身をないがしろにすることであり、キリストのからだである教会を損なう行為なのである。そのような分かち合いの欠如と表裏一体である聖餐軽視の結果が、「弱い者や病人が多くなり、死んだ者が大ぜいいる」という教会における不健康と関連づけられていることは興味深い。教会を「からだ」に類比させることが新約聖書自身によって許されていることからするならば、ここに「分かち合いを忘れた教会はその健康を損ねる」との警告を受け取ることは、あながち的外れではなかろう。

③一部の教会の欠乏への全体の関心

コリント人への手紙第二8〜9章には、エルサレムの貧しい信徒たちへの支援献金を「聖徒たちをささえる交わりの恵み」（8・4）と表現している。エルサレムは地勢的には辺境でも過疎地でもないが、新興のキリスト者共同体に反感を抱くユダヤ教徒に囲まれたエルサレムの信徒の多くは、社会的・経済的不利益を受けて困窮しており（使徒4・32〜37）、パウロは諸教会に支援の献金を募った（ガラテヤ2・10、Iコリント16・1〜3、ローマ15・26）。そうした事情を背景に、パウロはIIコリント8〜9章で献金について直接的に論じているが、そこにある考え方の枠組みは、単に富んだもの（教会）が貧しいもの（教会）を援助すべきであるといった、力（経済力）の優劣による「助ける—助けられる」関係で捉えてはいない。パウロは、支援の献げものを奨励する動機づけとして「平等」を強調し、「今あなたがたの余裕が彼らの欠乏を補うなら、彼らの余裕もまた、あなたがたの欠乏を補うことになる」と表現する（8・13、14）。ここにも、教会の「分かち合い」の原則が貫かれている。

パウロにとって貧しい信徒たち（教会）を支援することは、持てる者が持たない者を助ける構図ではなく、「恵みのわざ」への参与なのである（8・6、7、19、9・8）。それゆえ、この奉仕のわざに参与することは、「聖徒たちの必要を十分に満たすばかりでなく、神への多くの感謝を通して、満ちあふれるようになる」（9・12）。そして、この「恵みのわざ」としての「奉仕のわざ」は、支援する側が参与するばかりでなく、支援される側もまたその恵みに与ることができる。「彼ら（支援を受けた者たち）は、あなたがたのために祈るとき、あなたがたに与えられた絶大な神の恵みのゆえに、あなたがたを慕うようになる」（9・14）。他の聖徒たちの欠乏を補うことは、支援する者もされる者も含め、それによって教会全体が兄弟愛をはぐくまれ恵みに浴するのであり、信仰共同体の分かち合いの精神が具体的な形を取って表される機会なのだ。

「このわざを証拠として、彼らは、あなたがたがキリストの福音の告白に対して従順であり、彼らに、またすべての人に惜しみなく与えていることを知って、神をあがめること」（9・13）になる。困難な聖徒たちの必要を覚え、「いやいやながらではなく、強いられてでもなく」自発的に財をささげてその必要を満たそうとする「恵みのわざ」が、神への感謝、礼拝行為につながるのだ。
（以上、ＪＣＥ５「地方伝道」プロジェクトにおける筆者の提言より）

この文章は災害を前提に書いたものではありませんが、教会が直面している危機に対してどう対応するか、というテーマを扱っています。パウロが強調する「互いに分かち合う」ことこそが教会の本質的なあり方、というスピリットの重要性は、まさに大災害において経験したこととも合致すると、後になって痛感しました。震災を通して学んだことを、「地方伝道」プロジェクトからの提言と突き合わせ、そして聖書からの示唆を得ながら考えてみたいと思います。

震災から問われたこと

１　教会はキリストのからだ

「キリストのからだ」という言い方は、パウロが教会の本質を説く際によく使うものです（エペソ１・23、コロサイ１・24ほか）。肉眼で見えないキリストが、教会という「からだ」において表される――教会は、それを構成している一人ひとりのキリスト者の共同体にほかなりません。通常「教会論」の枠組みにおいて語られる概念ですが、それが東日本大震災では「社会」の枠組みにおいて現されました。

被災地支援に訪れるキリスト者たちが、しばしば地元で「キリストさん」と呼ばれるようになりました。その言葉は、集会やトラクト配布などの「伝道活動」に向けられたわけではありません。被災地支援に駆けつけたキリスト者や地元教会の多くは、伝道の実績を上げようという下心や、教会員を増やそうという打算で支援活動をしたのではありませんでした。目の前の傷つき、痛み、助けを必要としている人々のもとへ、止むに止まれぬ思いに突き動かされて通い続けた――人々はそこに「キリスト」の姿を見たのかもしれません。

緊急物資や泥かきなど、現実的に大きな必要が見える間は多くのボランティアが訪れます。しかしそれらが一段落すると、潮が引くように来なくなりました。今もなお仮設住宅での生活を余儀なくされている人々のもとへ通い続け、あるいは見えない放射能汚染に不安を抱える親子の気持ちを受け止めて保養キャンプや食品放射能計測を続けているキリスト者たちのあり方は、悲嘆にくれる人々に寄り添い、泣く者とともに涙を流すキリストの存在を、期せずして代表することになったのです。

2「弱者を助ける強者」でいいか

東日本大震災が起きたとき、多くのキリスト教団体が、被災地域付近の教会と連携を取ろうとしました。連日のように押し寄せる「被災地支援」の申し出に対応するだけで、牧師が疲弊してしまうこともあったと聞きます。中には、自分たちの計画を持ち込んで、いきなり「私たちにはこれこれができます。何が必要ですか?」と質問責めにし、現地ではへきえきしたという声もありました。とにかく現場に足を運び、地元の人たちの声に耳を傾けるのが先でしょうと、現地の牧師にたしなめられた伝道団体スタッフもいます。

そうしたことから露呈したのは、誰かを支援をしようとするとき、その発想の主体がどこにあるのかということです。持てる者が持てない者を、強者が弱者を、上から目線で「助ける」という発想ではなかったかが問われます。それは、ひたむきに相手のことを気遣い、相手が必要としている求めのレベルに目線を合わせ、その必要に応えることを最優先にする「キリストさん」とは別ものです。キリストがご自身をささげて表してくださった愛とは違う、何かが見え隠れするのではないでしょうか。「キリストは神の御姿である方なのに、神のあり方を捨てられないとは考えず、ご自分を無にして、仕える者の姿をとり、人間と同じようになられました」という、ピリピ人への手紙2章6、7節が重く響きます。

福島第一原子力発電所から八十キロほどの沿岸部で支援拠点となったある教会の牧師は、東京から転任して四年目で震災に遭いました。それまで地域ではよそ者と見られ、声をかけられることもなかったといいますが、震災を通して初めて地元の人たちと親しく心を開いて話せるようになったという経験をしました。原発事故のあと、真っ先に逃げ出すと思われたよそ者の牧師が、地元に残って困っている人々に仕えようと奔走している姿に、住民は何かを感じたようです。それとは対照的に、相手主体ではなく自分本位で動いてしまう誘惑は常にあります。いわゆる「被災者」を支援する場合だけではありません。「宣教協力」というときに、経済力のある都市教会や団体が小規模の地方教会を助ける、「地方支援」という発想の中に、傲慢の芽はいつの間にか忍び込んできます。

「地方伝道」プロジェクトが再確認したのは、地方伝道の危機を克服するカギは、互いに重荷を負い合う共同体という、新約聖書に表された教会のあり方の本質にあるということでした。そこに立つことによって、地方教会も都市教会もともに、身近なところから分かち合いの共同体を築き上げていこうと呼びかけて、アピールは閉じられています。

3 「伝える」から「分かち合う」へ

教会は、福音を伝えようと懸命に努力してきました。しかし、その努力はあまりに教会目線に過ぎたのではないか、という反省が起きています。あなたがたはまだ救われていないが、私たちは救いを持っている。教会には真理があるからお出でなさい。そうすれば福音を教えてあげよう――というアプローチです。教会はイベント中心になり、行事を企画して地域の人たちを教会に招くことが活動の中心になります。

しかし、その地域の人たちが抱えているさまざまな問題や悩み、痛みに目を向けてきたかと言われると言葉に詰まってしまう、ということがあったのではないでしょうか。大震災では、その壁が一気に崩れてしまいました。「被災」という痛みだけでなく、大災害がなかったとしても、地域の人々がもともと抱えていた痛みが見えてきたのです。教会に足を運ぶきっかけのなかった人たちの中に、まさに福音を必要とする問題を抱えていることが少なからずあることがわかってきました。

福音はキリスト者の専有物ではなく、世のすべての人に与えられ、分かち合うようにと神の民に託された恵みではなかったでしょうか。イエス・キリストが、病める人、貧しい人、差別されている人、社会から阻害されている人のところへ出て行って、その真の必要に応える福音を手渡したことに倣うように、教会が自らの体質を変えるにはどうしたらよいのでしょうか。今後の日本宣教の大きな課題です。

特に、世と教会を二元的に分ける傾向の強い福音派こそ、真剣に自らを省みて取り組まなければならないのかもしれません。キリスト教以外の「異教」には救いがない、価値がないと切り捨てるようにして、自分たちだけが真理を持っているという自負を、言葉にも態度にも表してきたからです。しかし、そうした排他的な姿勢が、日本の伝道とりわけ地方伝道を困難にしてきたのではないか。東日本大震災を通して、そのような思いを強くしました。津波で甚大な被害を受けた三陸沿岸部は、日本の中でも対人口比教会数の少ない地域です。過去に開拓伝道をした形跡はありますが、挫折し撤退するなどして今は教会が残っていない、という話を各地で聞きます。

漁業が中心の沿岸部では古来、漁の安全を祈願してきた龍神信仰が今も根強く残っており、地域の結束は今も生きている「龍神講」の決めごとで固められています。そのような地で生活している人に、龍神は偶像だから捨ててキリストに従いなさいというアプローチでは、回心者を得ることは至難の技でしょう。

ところが震災を通して、内陸部の教会から沿岸の被災地支援に通ううちに、漁村の人々の信頼も深まり、

「あなたの信じている神さまを教えて」と言われるまでになりました。内陸教会の牧師は、そのような漁師たちに、沿岸から離れた自分の教会の日曜礼拝に出席するようには求めませんでした。漁師にとって休日である海が荒れた日に、牧師のほうから足を運んで、漁師の家でイエス・キリストの物語を話して聞かせたのです。その結果、漁師たちの中からこんな言葉が出るようになりました。「俺の両肩には龍神さんが乗っている。だが頭のてっぺんにはキリストさんが乗っている」と。

このエピソードを紹介してくれた牧師は、いつか両肩の龍神が必要なくなる時が来るから、今はそれでいいと言います。その言葉は、龍神講から出たら漁師として生きていけないその村で、それが精いっぱいの信仰告白であることを理解しているからです。もし伝統的な伝道のやり方で、龍神を捨ててイエスを信じなければだめと言えば、三陸沿岸の漁師たちが福音に近づくチャンスは再び遠のくでしょう。

ＪＣＥ５の「地方伝道」プロジェクト会議で、フロアから「地方・過疎地の伝道といっても、教会に集っているのは教員や公務員などが主であり、農林漁業者がどのくらい教会に来ているか疑問だ。地方伝道において、伝道対象となる人と向き合うことが課題である」という問題提起が出されました。その疑義に対する一つの答えが、震災後に三陸沿岸の漁村で出されつつあるように感じます。

ローザンヌ運動の最新の声明である「ケープタウン決意表明」（二〇一〇年）は、ⅡＣ「他の信仰を持つ人々の中でキリストのみこころを見分ける」という項目において、次のように表明しています。

私たちは宣教において良い知らせを分かち合うために召されているが、浅ましい改宗行為に従事することには召されていない。宣教は、使徒パウロの例にならって説得力のある筋の通った議論を展開することを含むが、それは「福音について正直で率直な表明を行うことであり、聞いた人たちがそれについてどのように決心するかはまったく自由である。私たちは他の信仰を持つ人々に心を配るものでありたいと願い、彼らに回心を強要することを追求するどのような試みも退ける。」これに対して改宗行為は、他の人々に強制して、「自分たちの仲間」にならせること、「自分たちの宗教を受け入れさせる」こと、ひいては「自分たちの教派に加わらせる」という試みである。

そして、イスラムやヒンドゥーなどの原理主義的な色彩が強い地域で、その宗教的な伝統に根ざしたライフスタイルを保持しながらイエス・キリストを主と認めて信じる、いわゆる「インサイダー運動」に対して、「ケープタウン決意表明」は慎重ながら一定の評価を示しています。まさに、両肩に龍神を乗せたままイエスを頭に頂くあり方です。

4　地域社会への牧会

最後に、伝道のみならず「牧会」についても、震災は新しい気づきを与えたことにふれておきたいと思います。炊き出しや泥かきの必要がなくなったあとも、仮設住宅に取り残された孤独なお年寄りを訪ねて、心身の健康を見守り、何度も繰り返される愚痴や不安に耳を傾け続けている牧師たちがいます。人々に寄り添い傾聴するこの働きは、まさに牧会者の役割です。「牧会」という言葉はもっぱら、教会内でゆだねられた群れを養う牧師の任務を意味してきました。しかし、それを捉え直す必要があることを感じます。

それはイエスご自身が、神殿や会堂で教えただけでなく、人々の生活の場である町なかで、農園で、漁村で、人々の訴えに耳を傾け、必要に応え、癒しを与えたからです。「地域に開かれた教会」ということが言われて久しくなります。東日本大震災を通して示された多くの教訓は、キリストの教会が、本当の意味で「開かれた教会」となるようにと促しているのではないでしょうか。

なくてはならないもの

相模原グレースチャペル牧師　阿部信夫

それどころか、からだの中で比較的に弱いと見られる器官が、かえってなくてはならないものなのです。（コリント人への手紙第一12・22）

【序】

札幌で行われた第5回日本伝道会議（JCE5）で、私は「共生」プロジェクトを担当し、心を病む人たちの問題に取り組みました。目指すところは、北海道・浦河の「べテルの家」のように医・職・住が整った施設が、全国に展開されること。そのために、情報を交換・共有し励まし合っていこうということでした。しかし、まもなく東日本大震災が起こり、支援活動に取り組むことになりました。そうこうするうちにJCE6の準備が始まり、「共生」プロジェクトを継続してほしいと依頼されましたが、とてもそのエネルギーはないと思いました。しかし被災地の教会と共に生きるということなら、支援活動の流れの中で対応できると気づかされ、被災地の牧師たちに共生プロジェクトのメンバーになってもらい、大震災から学んだことを全国の牧師に知ってもらおうと考えました。「地方伝道」プロジェクトも、同じ問題意識を持っているとのことで、合流して一つのプロジェクトを立ち上げたのです。

そして、プロジェクト会議を開き、被災地の牧師たちの証しを聞き、支援活動を振り返るうちに福音宣教に、宣教協力に非常に重要な示唆が東北から発信されていることに改めて気づかされました。

1　弱い器官の重要性

パウロは、なくてはならない器官――それは、〝比較的弱い器官〟だと言っています。教会で、社会で弱い存在。それは、子ども、老人、病人、障害を持つ人々等です。しかし、現実の社会では、それが、なくてはならない器官だと受け止められているでしょうか？　いや、お荷物扱いでしょう。

相模原のやまゆり園で悲しい事件が起きてしまいました。やまゆり園は、相模原と言っても、実は、かなり山の奥です。もっと町の中にあれば、障害を持つ人々への理解が広まると思いますが、残念ながら、現実はそうではないのです。周りの方々も、やまゆり園ができた時は、こわいものを見るような感じだったようですが、交流が始まると「本当にいい子たちだ」と変わっていったそうです。

知的障害者の施設ラルシュ共同体の創設者ジャン・バニエが「男性が女性を必要とし、女性が男性を必要とするように、病める者は健やかな者を、健やかな者は病める者を、力のある者は弱い者を、弱い者は強い者を必要とし、お互いが（自分のために）相手を必要とする社会こそ、本来的な姿であり、神はそのようにこの世を創られたのではないか」と言っています。

私たちの教会に、脳性麻痺の四十代の女性がいます。彼女は、食事もトイレも介助が必要で、相模原市で、二十四時間介助を受ける第一号となりました。しかし彼女は、祈りの人であり、ビジョンの人でもあって、親もとを離れ、グループホームで暮らし、今は一人暮らしを実現しています。ヘルパーさんも彼女の介助をしながら、愚痴を聞いてもらい、教会に一緒に来るのが一番人気のコースとなっているという、教会で最も伝道的な人です。お母さんが、友人が、ヘルパーさんが、次々クリスチャンになりました。まさに彼女は、教会に〝なくてはならない〟人なのです。介助を受けている〝弱い存在〟なのにです。

さらに、教会で二、三歳児の保育のプログラムを始めた時、彼女は何もできませんが、子どもの見守りをしたいと参加しました。すると彼女は、ふだん家にいる時は、体が緊張してくるので体位を変えてもらわないといけないのですが、子どもと接していると、彼女の体は緊張がほぐれ、態勢も変える必要がなく、食事もしやすくなるということが起きたのです。面倒を見てもらっている子どもたちの声が、笑顔が、そういう作用をもたらしたのです。お世話されている〝弱い子どもたちに〟こんな力があるのです。

また、教会で工藤信夫医師のセミナーを開いた時、五十代の男性がレポートを送ってくれました。八十八歳で亡くなられたお父さんの介護の経験の証しです。晩年の三年間は寝たきりの状態でした。初めの二年間は実家で介護をし、最後の一年は病院で完全看護をしてもらいました。ただし食事の時間は、お父さのペースに合わせるため、家族が交替で介護をしたそうです。

この男性は、仕事をできるだけ五時に終わらせて夕食の介助をしました。お父さんの食欲は、だんだん細っていき、一日でも長くと祈るような気持ちで介護をしました。そうこうするうちに、彼は不思議な体験をするようになりました。「仕事でくたくたになって来ているはずなのに、食事の介助をしたり、痰を取ったりと、身の周りの世話をしていると、疲れが取れ、自分が純粋に優しくなれ、心が和み、平安であり、癒されるような体験をするようになったのです。この時間が本来の自分自身を取り戻してくれるようにも感じるようになりました。介護する側のこの圧倒的な満たしに、こんなこともあるんだなと驚きをもって認識するようになりました。……援助には互恵性があることを知りました」とのレポートでした。

障害を持つ人、幼子、老人。弱いはずの人が、子どもが、なんと健康な人に、大人に、素晴らしい影響を与えているのです。〝弱さ〟それは決してマイナスではありません。いや、〝なくてはならない〟ものなのです。

共生――共に生きるとは、こういう関係性の中で生きることのようです。

東北はまさに、弱くなっています。しかし、今回、東北から発信されていることは、強いはずの非・被災地のわれわれに大きなチャレンジを与えているのです。そこに目を向け、力を注いでいくことが、一方的な支援でなく、お互いが（自分のために）相手を必要とする大切な〝宣教協力〟であると私は思うのです。

2　東日本大震災支援から学んだこと

第一に、この震災で、まるごとの福音が伝えられ、宣教の原点を示してくれました。

かつて、本田弘慈師が「日本は、コンクリートで固められてしまった土地のようだ。ダイナマイトで壊さないと福音は伝わらない」という趣旨のことをおっしゃいました。

東日本を襲った大地震と津波は、まさにダイナマイトでした。東北ヘルプ代表の吉田隆牧師が、「最初は〝神様、どうして小さな教会ばかりの東北にこんな災害を与えたのですか〟と怒ったが、その後、日本中・世界中からボランティアが次々と来るようになり、多くの義援金がささげられ、教会は、東北ではいつまで経ってもよそ者でしたが、今は客人と見られるようになりました。心から感謝の祈りをささげました」と報告されたように、人々の心のコンクリートが壊され、やわらかい地が現れたのです。

宮城の大友幸一牧師は、「今回、クリスチャンが温かい心を持っていることが、よくわかりました。被災地に支援に来てくれることは嬉しい。しかし、その温かい心を、今度は、皆さんの周りにも届けてほしいのです」と語っています。

まさに宣教の原点が東北で示されました。

支援活動はいつか終わりが来ます。しかし福島の木田先生が述べているように、今、被災地と非・被災地が、息長く交流を続けられる〝宣教協力の下地〟ができたと、私は思います。

第二に、JCE6「痛みを担い合う教会」プロジェクトでの東北の先生方の発題から、以下のことを教えられました。

一つ目は、支援活動でバーンアウトも経験された松田先生の〝福音派は単にNCC系の後追いをするのではなく……もっと骨太の福音を追求しなければならない〟という発言からです。

社会活動にあまり積極的に取り組んでこなかった私にとっては痛い発言でした。しかし今回、救世軍の支援活動の働きの大きさを見聞きし、救世軍が福音派にいてくれて本当に良かったと思いました。福音をしっかり宣べ伝えつつ、地道な地域での福祉活動を通し、広島の災害の時には、行政から信頼されて働きがスムースにできたという証しを「災害対応チャプレン研修会」で聞けたことは幸いでした。福音派内に、素晴らしいモデルがあることは、感謝です。

二つ目は、3・11いわて教会ネットワークで奮闘された若井先生の「すでにこの地の宣教に従事していた先人たちが多くいたことに気づかされました。その多くの働きは、地域の課題と向き合い、地域の痛みを共に担ってきた働きでした。それらの積み重ねがあるのに、それらを覚えることも、受け止めることも、引き継ぐことも、私たちにはありませんでした」という発言からです。

「蒔く者と刈る者が、ともに喜ぶ」(ヨハネ4・36)とありますが、私たちの教会にも「小さい時、日曜学校に行っていました」「ミッションスクール出身です」という人が何人かおられました。それも地方出身の方が多かったのです。苦闘して蒔いてくださった方々が、その背後におられたのです。幼稚園を併設する教会の牧師が言われました。「救われるまで、結構時間がかかるよ。」でも地道に働きを進められて、地域に役立つ教会になり、地の塩、世の光となっておられました。私は、かつて、教会が幼稚園経営をするのは、経済優先であり、伝道の王道ではないと冷やかに見ていました。しかし、耕し、蒔く人がいなければ実りはありません。伝道には時間がかかり、労苦も多く、お金もかかります。それらがあって、今の私たちの働きがあるのだと思いました。先達に感謝し、私も蒔く努力を、後に続く人たちのためにしなければならないと思わされる発言でした。

三つ目は、福島の痛みを経験されている木田先生のピレモン書を通しての考察「一方向からではない、双方向の信仰の交わりが、生きて働く時、教会は癒され、キリストの身たけにまで成長することができるのです」という発言からです。

一方的な支援には必ず終わりの時が来ます。しかし、木田先生が「ピレモンはパウロを励まし、オネシモはパウロの喜び・生きがいになっており、またパウロも、ピレモンとオネシモの祝福を願って励まそうとしている」と述べておられるように、こういう双方向の信仰の交わりならば、持続可能だと私も思います。これまでの支援という考えから、双方向の宣教協力の関係に入っていければと思います。

ほかにも被災地の多くの先生方との出会いを通して多くのことを学びました。盛岡の近藤愛哉牧師は、『被災地からの手紙』の中でこう書いています。

（支援活動をしている時）ひとりの女性からこんな言葉をかけられた。「（道の向かいの家に住む）あの人たちには、聖書が必要よ……。」……キリスト者が聖書を読んでいることを彼女は知っていた。さらに、聖書は人の問題を解決することができるのではないか、ということを彼女は考えていた。もちろん、それが「『私には』聖書が必要だ」という理解になればなおよいが、私からではなく相手の口から「聖書」という言葉が出てきたことに驚きを覚えたのだった。

また別の地域では、こんなことも経験した。毎週家々を訪ね続ける中で、私たちの乗る車を覚えていてくれたのだろう。車を乗り入れるやいなや、子どもたちが駆けよってきて、何度も叫んだ。「ばあちゃん！　キリストが来たぞぉ！」

単なる子どもの言葉、というよりも常日ごろから家庭や地域で私たちの存在が「キリスト（教会から来る者たち）」と認識され、話題となっているのであろうことを想像させられた言葉だった。

……（ひとりのスタッフは）、支援活動を通して信頼関係が与えられたある一軒の家庭に夕食に招かれた。……その席で「（キリスト者たちは）なぜ、ここまでしてくれるのか」と問われ、自分の行動は信仰に基づいているものであることを告げたところ、その信仰の内容を尋ねられ……その質問はなかなかやむことがなかったという。

その日の晩、電話の先で彼はこのように語った。「この地域の方々は（神を）『信じない』んじゃありません。信じないも何も、（福音を）『聞いたことがない』んです。この地域には（福音を語り告げる）教会が必要です。働き人が必要です。……『収穫は多いが、働き手は少ない』という言葉を思いました。」

ひたすら支援活動をした時、人々は心を開き、求め始めたのです。私は、そして私たちの教会は、地域の方々とどれだけ、このような信頼関係を築いてきたか、大いにチャレンジを受けました。

釜石で支援活動をしておられる高橋和義牧師は、こう話していました。「スタッフたちがお茶を飲んでいた時、地元の方が、『俺もその中に入れてくれ』と言うので、入ってもらったら、『あんたたちは、人の悪口なんか言わず、本当に楽しそうにしているからな』と言ったそうです。そして、後日、地元の人が『あんたたち、ここに教会を建てたら！』と言ってくれたので、教会を始めることにしました」と。

まさに、使徒の働き2章47節に見られるように、「すべての民に好意を持たれた。主も毎日救われる人々を仲間に加えてくださった」ということが、被災地で実現しつつあることを知らされました。私たちの教会は、地域の人たちに、地の塩、世の光と見られ、役立つ教会になっているだろうかと思わされました。

このように、今回の支援活動は、決して一方向の働きではなく、チャレンジを受けること、学ぶことが、とても大きかったのです。

3　被災地と非・被災地をつなぐ――支援から宣教協力へ

今回、未曽有の大震災を通して、被災地では多くの教会ネットワークが各地に誕生しました。教団・教派を超えて地域の牧師たちが、被災状況を報告し合い、支援活動を開始しました。それを通してお互いを知り、地域の状況を知り、地域とのつながりも強くなっていったようです。これは、正に宣教協力の土台ができたということではないかと思います。

そして、非・被災地にもいろいろなネットワークが立ち上がりました。また、首都圏大震災に備えて、いろんな地域に防災ネットワークが立ち上がってきています。このネットワークが、教団・教派を超えて〝宣教協力〟へとつながっていくのではないかと期待しています。

小さな例ですが、ミッションみちのく（相模原教会ネットワーク災害支援プロジェクト）の取り組みを紹介したいと思います。

東日本大地震が起こった時、支援に行こうにもあまりに広大な範囲で起こったので、私たちはいったいどこを支援すればよいのか戸惑いました。その中で与えられたのが、使徒の働き11章27～30節の大飢饉の箇所でした。「そこで弟子たちはそれぞれの力に応じて、ユダヤに住んでいる兄弟たちに救援の物を送ることに決めた」（29節）。

兄弟たちに！　そうだ！　被災地で苦闘している教会、牧師たちを支援しよう。何が必要か、まず聴こう、というところから出発しました。すでに、この時点から宣教協力という形が始まっていたのかもしれません。

被災地の牧師から、「被災者を前にもう語ることがないのです。説教しに来てくれませんか！」と言われ、被災地で私たちに何が語れるのだろうかと躊躇しましたが、みことばを語ればよいのだからと受け止め、説教支援を開始しました。

同じく「牧師たちが疲れています。数日休む場所はないでしょうか？」との声に、伊豆に別荘を持っている方がそこを提供してくださり、保養プロジェクトが始まりました。岩手、宮城、福島そして茨城から牧師家族が来られ、利用してくださいました。

さらに「被災地で、富弘展を開けないでしょうか？」との声が、被災地から上がりました。それを聞いて、かつて相模原で「星野富弘花の詩画展」を牧師会が中心になって開催した経験を思い出し、ノウハウを提供できるのではと準備を開始し、大船渡での開催にこぎつけることができました。

しばらくすると、私たちの支援活動は役立っているのだろうかという思いが湧き上がってきましたが、「来てくれるだけで嬉しい」との福島の牧師たちの声に励まされて、大震災後、発足した「福島県キリスト教連絡会」に出席し、交流をしています。

背伸びせず、自分たちのできること、持っている資源を生かすという形だったので、今まで続けることができたのだと思います。

【提言】

このように、東日本大震災以降、被災地と非・被災地という二つの地域のネットワークがつながって、交流が実施されています。これは、考えてみると、地方と都会がつながったということではないかと思います。これまでの日本伝道会議で、〝地方の過疎地に伝道するには海外にサポートを付けて宣教師を送り出すように、教派を超えて国内宣教師を送るべきだ〟という声が上がってきましたが、実現していないと聞いています。

今が、チャンスかもしれません。被災地支援でつながった関係ですが、そこで終わらせずに、宣教協力へと移行していくチャンスではないかと思います。

それには、地方伝道に取り組むことは重荷と捉えるのではなく、〝都市部の教会を活性化することになる〟という発想転換が鍵なのかもしれません。

三浦綾子さんが『旧約聖書入門』の《バベルの塔》の項で、「東京や大阪に行くと、わたしは大都会の姿に、やはり一つの間のぬけたものを感ずる。……なぜ、人間はあんなに無理に一つ所に集まるのだろう。そして、太陽の光を浴びる権利や、黒土の上を歩く権利を奪われても、文句も言わず土の中の地下鉄や、道の上につくられた高速道路を走りまわっている。これが本当の知恵の姿だとは、とても思えない。もし神に問うてつくるとしたら、神はこんなあわれな環境に人間を住まわせはしないだろう。神が人間に与えられたのは、清い空気と澄んだ水と、みどりの山野と、そして暖かい太陽、雨、風、雪、広い大空ではなかったか。人間が何か一つ発明するたびに、愚かになっていくのは、現代も同じである」と書いておられます。

北海道に住んでいた三浦さんならではの発言ですが、都会に住むのに慣れっこになっている私たちに重大な警告を与えていると思うのです。町に住むのは確かに便利です。しかし、人が集中するとさまざまな問題も生じてきます。住む環境の悪化、歓楽街の存在など、町という存在は神様に逆らう心を生み出していくようです。心の病もこのような環境が生み出している面も大きいと思います。

しかし、地方には、都会が失った豊かな自然・人情・広い土地・広い住スペースがあります。それらを資源と考えて、悩む多くの方が、人間らしい生き方を回復する場と捉えていければと思います。

また、都市教会には、地方出身者が必ずいます。地方教会からの転会者だけでなく、都会に来てクリスチャンになった人も。私もその一人ですが、私のふるさとで伝道しておられる先生方に感謝の気持ちがあります。その気持ちをふるさとの教会に献金することで表せたら嬉しいです。また、ふるさと伝道に参加するという目に見える形にしたいと思う人たちも、結構多いのではないでしょうか。世の中、ふるさと納税が人気とか、昔から県人会があったり（趣旨は違いますが）することを考えると、実現可能かもしれません。

あるいは、リタイヤした人々が、神学生がしている夏期伝道のようなものを、夏に限らず実施していくことも可能かもしれません。説教支援も、できれば信徒も一緒に来てくれると嬉しい、という声もあります。

今までと違って、これらを、親しくなった被災地と非・被災地のネットワークどうしで行うなら、新しい組織を作る必要はなく、事がスムースに運ぶのではないかと思います。

宣教協力になくてはならないもの——それは、弱い器官＝東北です。地方です。

パウロはさらに、コリント人への手紙第一12章24節で、「……神は、劣ったところをことさらに尊んで、からだをこのように調和させてくださったのです」と述べています。

相模原で、かつて、相模原ヤングコンチネンタルズという歌とダンスのグループ（小学五年生から高校二年生）を作って活動したことがありました。本番で一曲ソロを歌う女の子が体調を崩し、客席の最前列で横になって出番を待っている状態でした。歌えるかどうか、私たちは固唾をのんで見守っていました。出番がきた時、彼女はゆっくり立ち上がって歌い始めました。彼女の周りで踊っている子どもたちの必死なようすも伝わってきました。そして無事歌い終わったのです。感動しました。すべてが終わってから振り返ってみると、全曲の中で、なんと彼女が歌った時が一番、グループのハーモニーが取れていたのです。調和していたのです。ソロの子を心配し、補おうと必死に歌い踊った時、最高の讃美となっていたのです。

東北を、地方を忘れず、私たちにできることをしていく時、そこに、神の美しい御業を見ることができるのではないでしょうか！

新しい宣教協力が、すでに始まっています。それをさらに進めてまいりましょう。

「教会過疎」と「教会難民」の課題への取り組み

名古屋城北教会牧師　新田栄一

はじめに

「教会過疎」――これは、最近私が使っている造語です。二十一世紀に入ってから、「日本のキリスト教界の閉塞感」という状況が報じられて久しいのですが、さらに昨今、わが国の教会の深刻な課題を考えて、その一つの状況を表した言葉です。

私はもともとは首都圏近郊の通勤族の一員でしたが、牧師駆け出しの三年間は、福島県北部の田舎町にある古い小さな教会に任ぜられました。その後七年間は、岩手・宮城・秋田三県の県境の宮城県側にある田舎町で教会開拓に当たりました。大震災の時にはすでに名古屋にいて、震災現場にかかわることはできなかったのですが、岩手・宮城・福島の三県での伝道を経験し、十年間の田舎伝道で、ある種の危機感を心に刻むことになりました。その課題がまさに「痛みを担い合う教会」の取り組みの一部だと思うのです。

二つの日本

　私の二番目の任地での開拓伝道は、宮城県K郡（今はK市）において、会堂だけがあり、株分け信徒も知り合いもない状態で教会を開拓するという、異色の取り組みでした。その地域の農家に、今から二十年ほど前に、韓国ソウル市出身のクリスチャンである某姉妹がお嫁に来ました。嫁入り後早速、家族から言われたそうです。「朝の四時半に起きて、薪で飯を炊くように。」さすがに、「この平成の時代に電気釜を使わない家が世界中のどこにあるのでしょうか」と訴えて、その家で初めての電気釜を買ってもらったそうです。それくらい古い社会ですから、クリスチャンとして生きること自体が戦いです。

　しかもこの姉妹は、地元には良い教会が見つからなかったので、七十キロメートル離れた仙台市内の韓国人教会に新幹線か高速道路で通い続けました。そんな中、私の前任教会が開拓され、チラシをきっかけに、私たちの教会に来るようになったのでした。こんな田舎にも、聖書信仰に立った、しかも牧師が専業・専任で常住している教会がある、ということで喜んでくれました。

　この姉妹は、こう言っていました。「仙台も東京もソウルも、みんな（都会だから）同じだよ。だけどK郡は違う。」

　伝道の観点から、日本社会を二つの類型に大別できます。一つは都市部の新しい社会、もう一つは古い社会です。古い社会での伝道困難の主因は、人間関係の濃密さです。私の前任教会は、新築の会堂に駐車場がありました。しかし、来客は会堂の駐車場には自家用車を停めません。日が暮れてから、スーパーマーケット等に駐車して、隠れるように飛び込んで来ます。半径二十五キロメートルくらいは近所付き合いか親戚付き合いですから、会堂に停めた自家用車を周囲の誰かに見られただけで、その人が教会にかかわったことが町中に噂話として広がってしまうのです。住民の八割ほどは、明治以前から続く先祖代々の人間関係の中で生きています。スマホを使いこなしていても、頭の中はキリシタン弾圧の江戸時代と大差ないのです。

翻弄の歴史

こんな伝道困難な町でも、明治時代以来、断続的にいろいろな宣教師・教団などが教会開拓をしました。ただし、それは多くの場合に、長続きせずに（一代限りで）終わっており、今はそのほとんどが「痕跡」になっています。そんな歴史の断片を、地元の未信者が話してくれます。教会に限らず、行政（役所）も大手企業も医療・福祉等も、景気（調子）がよい時には田舎の古い町にも手を伸ばして進出しますが、景気が悪くなると、まずは田舎の古い町からは撤退するのです。そして大都市部の拠点は温存されます。そのような歴史をじっと見てきた地元の人は、未信者のみならずクリスチャンまでもが、「よそ者は信用できない、都会から来た者は当てにならない」という考え方に固まってしまうのです。

その一方で、田舎の教会は「苗床教会」と言われるように、大都市部の教会に対して、人材を送り出し続けてきました。

二十一世紀になってから今の時期は、わが国のキリスト教の多くの教団・教会にとって、景気が悪い時代でしょう。伝道不振、高齢化、牧師不足、教勢や会計の減衰など、頭を抱える問題が山積しています。その結果、兼牧や教会廃止が多く起こり、各教団とも、まずは古い町の小さな教会に整理の手が及んでいると聞きます。

教会難民に孤軍奮闘

私の親戚が、西日本の某古い町に教会を探し、年鑑に載っている「教会」に電話をしたら、こんなやり取りがありました。（若い女性の応答）「はい、○○幼稚園です。」「□□教会ですか？」「園長先生に替わります。」（男性の声になって）「はい園長の△△です。」「教会を探しているのですけど、礼拝は何時からですか？」「うちの教会は幼稚園はやっていますが、礼拝はやっていません。」

これが教会過疎の現実の一端です。形式的には「教会」の名目・痕跡はあっても、実際に信徒が身を寄せる霊的な交わりが「過疎」なのです。その結果、「教会難民」が発生します。実際に、前述のとおり、私の前任地の開拓教会にも、いろんな背景を抱えた人が、そこに教会があり牧師がいることに感謝をもって身を寄せてきました。ですから、古い町から撤退するという各教団の流れとは逆に、古い町での牧師や教会の存在意義・重要性はしだいに大きくなり、その現場にいる牧師に負担が集中しています。

これは、時々報道される「過疎地医療で孤軍奮闘する医師」の姿に重なります。医療の世界に「命の平等」という理念がありますが、霊的な「命の平等」も重要だとは言えないでしょうか。大都市部においては、信徒は教団を選り好みしなければ、身を寄せる教会を余裕で確保できています。しかし、私の前任教会の伝道対象地域（K市、T市、I市）の場合には、東京二十三区の約四倍の面積に二十七万の人口がいて、伝道・牧会できる教会数は一か二（推定試算）です。一教会あたりの、担当する人口、また特に伝道対象地域の面積が、極端に大きいのです。これが「教会過疎」です。

キリストのからだとして

あなたがたはキリストのからだであって、ひとりひとりは各器官なのです。（Iコリント12・27）

「教会過疎」「教会難民」の課題への取り組みについて、私は、「キリストのからだ」という理念で考えてみたいのです。コリント人への手紙第一の12章においてパウロは、からだと各器官の譬えによって、教会の一致を勧めています。ここでいう「教会」は、第一義的にはふだん聖日礼拝を守っている地域（各個）教会のことですが、広義では地域や教団を超えた日本のクリスチャン全体に応用できると思うのです。

ここで注目すべきことは、パウロがコリントの教会にこの教えを書き送った理由として、コリントのクリスチャンが一致できないでいたという現状があったことです（特に1～4章、11・17～34）。この一致という原則を、「教会過疎」の課題について、二つの壁を越えるという理念で適用できると、私は考えています。

地域の壁を越える

これはキリスト教に限らず、社会一般にある、「地域間格差」の解消ということでしょう。まずは、「痛み」を感じて共有することが第一歩です。

それは、からだの中に分裂がなく、各部分が互いにいたわり合うためです。もし一つの部分が苦しめば、すべての部分がともに苦しみ、もし一つの部分が尊ばれれば、すべての部分がともに喜ぶのです。（Iコリント12・25、26）

私たちは、同一の御霊が通い合う、一つのからだの一部として、「教会難民」の様相を呈している兄弟姉妹が置かれている困難な状況をどう考えるでしょうか。また、目に見える数量的な成果が表れにくい中で労している田舎の牧師たちの取り組みは、都会のクリスチャンたちと同一の御霊に励まされている戦いだと思えるはずです。

教団・団体の壁を越える

従来の（田舎での）教会開拓と撤退は、ほとんどが教団単位で行われてきました。これからは、田舎に残る教会の存廃について、教団間で調整してみてはいかがでしょうか。複数の地域について複数の教団で、非自給（弱小）教会同士の合併を進めて共倒れを回避し、ある程度の教勢・会計規模を擁する新教会を各地に作ります。このことにより、牧師不在や高齢化により宣教力が著しく低下している田舎の教会は宣教の実力を回復できます。そのことによって全国の「霊的なセーフティネット」を確保できます。私たちを取り巻く昨今の厳しい状況は、従来の日本の宣教戦略を練り直させ、教団横断的な宣教戦略という、より優れた方策を実行できる機会を提供していると考えられるでしょう。この取り組みは実際には、感情的に、事務的に、その他いろいろな面での困難が予想されますが、お互いの「キリストのからだとしての一致」があれば、「痛みを担い合う」ことの実践として根気強く進められると思うのです。

さらに具体的な方策

二十世紀には、教会の数が増えることがすなわち伝道・宣教の前進だったと言えると思います。しかし現在は、教会の数を減らしても、伝道（宣教）機能が充実した教会を全国津々浦々に残すことこそが、長い目で見れば伝道・宣教の前進だと思うのです。大胆なことを言えば、大都市部でも教会合併を進めて、そこから生じる余裕を田舎の古い町に充てることも一案です。この取り組みは、「苗床教会」への恩返しにもなります。このために、「霊的なセーフティネット」を考える、超教派の協議機関の発足が期待されます。また、平成の市町村大合併には国による合併促進策が有効であったように、教会合併の促進策があるとよいでしょう。合併した教会を新たな開拓教会として位置づけたらどうでしょうか。今まで、各教団・超教派・国外からの宣教団体によって行われてきた、教会開拓を支援する働きの一部を、合併により新設された新教会を激励すること（合併促進）に切り替えることができるでしょうか。

国内宣教師

しかし現実には、田舎では、教団を超えても合併する相手がない、孤立している教会が多いのです。この場合、そこに置かれる牧師を「国内宣教師」として位置づけて、国外に派遣する宣教師のように皆で支えたら、働きが続けられそうです。私自身、田舎での開拓伝道の際に、開拓仲間から「宣教師」とあだ名され、超教派的な支援の輪で活かされました。今そこにある危機に対して、特殊な使命を帯びて最前線に出て行く働き人を、皆で支えるのです。そして、その働き人も適宜交代するのが望ましいでしょう。

終わりに

私は現在、名古屋市内の地下鉄駅から徒歩圏内の小さな教会にいます。教会密度の高い大都市部では、教会間で人が動きやすいという課題があり、その点では田舎の教会は安定していたことを思い出します。私は、前任地の田舎の開拓教会においても、現任地の都会の教会においても、外部への献金を恒常的に募って送っています。現任の教会は都市部にありながら、実は経済的に自立困難な状態なのですが、田舎などの苦闘教会、宣教師、超教派伝道団体などへの指定献金を教会内部で月単位および臨時で募り、少額ですが継続して送金を続けています。これにより、キリストのからだの一部としての機能を果たす喜びを、牧師と信徒で共有しています。

そしてさらに、私にできることは、自身が現在大都市部にいるからこそ、田舎の古い町での伝道・教会過疎の課題について発信できることです。その意味でも、この本の出版は嬉しいことです。神様が意外な方法で祈りに応えてくださったのだとも考えています。

大胆な話題を書きましたが、まずは多くの方が現状を知ってくださることに役立てたら幸いです。「痛みを担い合う」取り組みのために、多くの方と一緒に語り合えることを期待しています。

あとがき

日本伝道会議は一九七四年の第1回京都会議以来、それぞれの時代における日本の教会や宣教の課題を反映してきました。しかし二千人に及ぶ大規模イベントの「打ち上げ花火」に終わり、継続性に欠けると も指摘されてきました。二〇一六年九月に神戸で開催された第6回日本伝道会議（ＪＣＥ６）では、この反省に立ち、計画当初から七年後のＪＣＥ７に向けて、課題を実行計画に移し遂行していくことが求められました。

この問題意識は、前回二〇〇九年のＪＣＥ５札幌会議でも出され、継続して取り組むために十五の「プロジェクトチーム」（「宣言文起草」プロジェクトを含む）が立ち上げられました。「地方伝道」プロジェクトはその一つです。同プロジェクトは、ＪＣＥ５まで二年がかりで討議してきた内容を基盤に、会議当日のプロジェクト参加者の意見も盛り込んだアピール「全教会の課題としての地方伝道」を採択して、実行可能な提言を含むいくつかの方向性を提示しました。そして、その具体化については諸教会にゆだねてきました。

ＪＣＥ６の準備段階でプログラム委員会から継続を求められた「地方伝道」プロジェクトは、ただＪＣＥ５の延長上で議論を続けるのではなく、東日本大震災から教会が問われたことを受け止めて深めていくため、次世代を含む新メンバーでプロジェクトを仕切り直すことにしました。ＪＣＥ５後の二〇一一年に起きた東日本大震災は、アピール「全教会の課題としての地方伝道」が問題の根幹に見据えた「過疎化の進む地方」で起きたことであり、そこで指摘されている孤立、格差、疲弊、衰退、転出、高齢化、協力の必要など、地方ゆえの課題が、まさに大災害の現場で顕著に噴き出したからです。

ＪＣＥ6を迎えるにあたり、東日本大震災で露わになった問題に向き合うことなしに、「地方伝道」プロジェクトの継続はありえませんでした。奇しくも、阿部信夫「共生」プロジェクトリーダーも同様の問題意識を持っていることがわかり、両プロジェクトを統合することになりました。そうして発足したのが「痛みを担い合う」プロジェクトです。東日本大震災で甚大な被害を受けた岩手、宮城、福島の三県で、それぞれ支援活動に携わり、そこで考えたことを神学的に捉え、被災した地域からの声を発信してきた三人の牧師たちを新メンバーに迎えて中核に据えました。

最初の会合は岩手で行い、3・11いわて教会ネットワークのメンバーらも交えて、それぞれの問題意識を分かち合い、すり合わせました。その中から、私たちが探求していくべき方向性として見えてきたのが「痛みを担い合う教会」というプロジェクトテーマです。「痛みを担い合う」ことは、「地方伝道」プロジェクトがたどり着いた教会の本質的なあり方、「互いに分かち合う共同体としての連帯」と相呼応するテーマにほかなりません。「共生」プロジェクトが模索してきたのも、まさに「痛みを担い合う」生き方でした。

本書は、ＪＣＥ6において「痛みを担い合う」プロジェクトワークショップで発表された松田牧人（宮城）、木田惠嗣（福島）、若井和生（岩手）の三人の発題に加え、ＪＣＥ5「共生」プロジェクトリーダーだった阿部信夫、同「地方伝道」プロジェクトメンバーだった根田祥一が、「共生」「地方伝道」というそれぞれのテーマとの関連で「痛みを担い合う教会」について考えたことを原稿化しました。三つのワークショップ発題には、それぞれの最後に、伝道会議を終えて、互いの発表を聞いたうえでの受け止めなどを含めた補足が加えられています。また、ワークショップ参加者の中から伝道会議後に当プロジェクトに参加した新田栄一は、岩手・宮城・福島三県での伝道牧会の経験を通して考えてきた「教会過疎」「教会難民」の課題を寄稿しました。

これが、二〇二三年に予定されている第7回日本伝道会議（JCE7）へ向けてJCE6から橋渡しをする、「痛みを担い合う教会」プロジェクトの継続活動の一つの結実です。「痛みを担い合う」ことは、被災地や地方だけにとどまらず、すべての教会に問われている課題だと思います。プロジェクトメンバーのみならず、このテーマを実際の教会の現場で考え、深めていくための材料にしていただければ幸いです。

二〇一七年九月

第6回日本伝道会議
「痛みを担い合う教会」プロジェクトメンバー一同

執筆者●「痛みを担い合う教会」プロジェクトメンバー

若井和生

単立・飯能キリスト聖園キリスト教会牧師
東日本大震災時は、保守バプテスト同盟水沢聖書バプテスト教会牧師
　３・11いわて教会ネットワーク広報担当

木田惠嗣

ミッション東北郡山キリスト福音教会牧師、福島県キリスト教連絡会（ＦＣＣ）世話人
ＦＣＣ放射能対策室副代表、ふくしまＨＯＰＥプロジェクト代表

松田牧人

日本バプテスト同盟オアシスチャペル利府キリスト教会牧師
東日本大震災後に教会でボランティアグループ「オアシス・ライフケア」を立ち上げた
震災ボランティアの拠点となった「オアシスセンター（キリスト教森郷キャンプ場）」代表

阿部信夫

ＥＣＣ・相模原グレースチャペル牧師
相模原教会ネットワーク・災害支援プロジェクト「ミッションみちのく」代表
第５回日本伝道会議「共生」プロジェクトリーダー

根田祥一

クリスチャン新聞編集顧問
ＤＲＣｎｅｔ（災害救援キリスト者ネットワーク）実務委員
第５回日本伝道会議「地方伝道」プロジェクトメンバー

新田栄一

日本ホーリネス教団名古屋城北教会牧師
東日本大震災前に同教団の福島県、宮城県の教会で牧会

痛みを担い合う教会
東日本大震災からの宿題

2017年 9 月25日　発行

編　者　第6回日本伝道会議「痛みを担い合う教会」プロジェクト
著　者　松田牧人・木田惠嗣・若井和生
　　　　根田祥一・阿部信夫・新田栄一
印刷製本　モリモト印刷株式会社
発　行　いのちのことば社
〒164-0001 東京都中野区中野2-1-5
電話 03-5341-6922（編集）
03-5341-6920（営業）
FAX03-5341-6921
e-mail:support@wlpm.or.jp
http://www.wlpm.or.jp/

ISBN 978-4-264-03870-2